Sex Work

성 노 동 의 정 치 경 제 학

Sex Work

성 노 동 의   정 치 경 제 학

Sex Work — 성노동의 정치경제학

2017년 6월 5일 초판 1쇄 발행

지은이 | 멜리사 지라 그랜트
옮긴이 | 박이은실
펴낸곳 | 여문책
펴낸이 | 소은주
등록 | 제2014-000042호
주소 | (03994) 서울시 마포구 동교로 224, 102호
전화 | (070) 5035-0756
팩스 | (02) 338-0750
전자우편 | yeomoonchaek@gmail.com
페이스북 | www.facebook.com/yeomoonchaek

ISBN 979-11-87700-15-9 (03300)

이 도서의 국립중앙도서관 출판시도서목록(cip)은 e-CIP 홈페이지(http://www.nl.go.kr/ecip)
에서 이용하실 수 있습니다(CIP 제어번호: 2017011889).

이 책의 무단 전재와 복제를 금합니다.

여문책은 잘 익은 가을벼처럼 속이 알찬 책을 만듭니다.

Sex Work
성 노 동 의   정 치 경 제 학

멜리사 지라 그랜트 지음

박이은실 옮김

여문책

차례

Archange ou putain

Je veux bien

Tous les rôles

me sont prêtés……

대천사든 창녀든

나는 상관없다.

모든 역할을

내가 빌려 할 수 있으니……

—콜레트 페뇨Colette Peignot(로르Laure), 「신성한 것La Sacré」

성매매방지특별법이 제정된 이후로 한국에서 성매매는 불법이다. 성매매방지특별법은 성매매 여성을 구원하고 보호하려는 의도에서 만들어졌다고들 한다. 그런데 구원의 대상인 성매매 여성들이 그런 구원을 원하지 않는다면 어떻게 되는가? 한국뿐만 아니라 캄보디아 성매매 여성들도 경찰과 공권력으로부터 구원을 원치 않는다. 세계의 인권 제국주의 경찰을 자처하는 미국이 캄보디아 매춘 여성의 인권향상(성매매 방지) 명목으로 만든 단체가 부시 행정부 시절의 미연방원조USAID다. 그런데 캄보디아 성매매 여성 당사자들이 미연방원조가 아니라 미연방급습USRAID라고 비난하고 나섰다. 낙인찍힌 최종심급의 여성들이 보호가 아니라 일할 권리를 주장하면서 거리로 나서는 일은 흔치 않은 사건이다.

이 책의 저자이자 성노동자였던 멜리사 지라 그랜트는 낙인이 자부심이 될 수 있는 운동을 전개하고자 한다. 퀴어의 낙인을 퀴어의 프라이드로 만든 운동처럼, '잡년'의 낙인을 '잡년' 프라이드로 바꿔낼 수는 없을까? 잡년 되기 운동이야말로 최종심급의 여성 당사자들이 자신의 목소리로 자신의 권리와 인권을 주장하면서도 '다른' 여성들과 함께하는 '잡년' 페미니즘으로 연대할 수 있지 않을까? 그것이 우리가 이 책을 마땅히 읽어보아야 할 이유다.

임옥희(경희대학교 후마니타스칼리지 교수, 『젠더 감정 정치』의 저자)

이 책은 '창녀'라 불리는 사람들에게 가해지는 폭력과 낙인에 대한 이야기다. 경찰이 어떻게 이들의 일터에서 인권침해를 하는지, 또 우리가 어떻게 매춘에 대한 통제에 '집착'하면서 '경찰의 눈'을 갖게 되는지를 들려준다. 말하자면 '손님'이라는 사람들이 행하는 폭력이 같은 기간에 4,000건이라면 경찰은 4만 8,000건의 폭력을 행사하게 된다는 것이다. 전직 성노동자이면서 현직 저널리스트인 저자는 성노동과 관련해 우리의 '상상의 내용'을 짚어보며 그것을 넘어서고 싶어한다. 사회운동의 역사는 폭력과 낙인에 대한 싸움이며 그것을 넘어서려는 투쟁이기도 하다. 흑인이라는, 여성이라는, 퀴어라는, 장애인이라는 낙인들은 오히려 운동을 만들어냈다. '창녀'라는 낙인 또한 세계적으로 성+노동운동을 만들어내고 있다. 이 책은 논쟁의 와중에 있는 매춘에 대해 '범죄화'와 '국가 페미니즘'을 넘어설 것을 요구한다. 성노동운동은 저자가 말하듯이 다양한 운동과 연대와 연결의 역사를 갖고 있으며, 앞으로도 그럴 것이다.

고정갑희(한신대학교 영문학과 교수, 『페미니즘은 전환이다』의 저자)

일, 노동, 연기, 성, 창녀. 이 책의 원제(Playing The Whore: The Work of Sex Work)에 들어 있는 단어들이다. 용어 하나하나가 이미 인류 역사를 관통하고 있으며 그만큼 그것이 가진 무게 또한 중하다. 또한 이들 각 용어는 인간이 그것을 인식하고 이해하고 받아들이고 혹은 이론을 제기하고 논쟁해온 역사를 고스란히 가지고 있는 것이기도 하다. 그만큼이나 무엇이 일이고, 인간은 왜 일을 하며, 무엇이 노동이고 무엇은 왜 노동이 아닌 것인지, 그리고 무엇이 진짜고 무엇이 척하는 것인지, 그 사이의 경계는 어디에서 그어지며 그것에 대한 인식과 주어지는 가치는 무엇에서 비롯되는 것인지 등에 대한 질문과 그 나름의 답변이 이미 많은 이의 글과 저서에서 다뤄져왔다.

여기에 성이 개입되면 문제는 더욱 복잡해진다. 성 자체가 이미 복잡한 문제이기 때문에 더욱 그렇다. 주체와 정체성과 욕망과 금기, 억압과 규제와 해방과 일탈, 권력과 자본과 권리와 성원권, 도시성과 농촌성, 인종과 계급, 몸과 육체성, 접촉욕구와 관계욕구, 숭배와 혐오, 고

상함과 상투성, 폭력과 사랑······.

페미니스트들이 성을 '쾌락'과 '위험'이라는 두 가지 상반된 코드를 통해 읽어낼 수밖에 없는 이유가 여기에 있다. 사회적 약자—여성, 비이성애자, 미성년자, 장애인, 비백인, 빈민, 신체적 약자 등—에게 성이란 앞에서 열거한 모든 영역에서 '약자'의 위치에서 행위할 수밖에 없는 조건이 이미 자신 앞에 놓여 있기 때문이다. 주체가 선택하지 않았으나 이미 그 앞에 놓여 있는 이 조건은 때때로 쾌락을 위해 위험을 감수하게 만들고 그 위험 때문에 쾌락이 들어설 자리가 없게 만들기도 하며, 때로는 쾌락을 꿈꿔볼 수조차 없게 만들기도 하고 위험하기 때문에 쾌락을 배가시키기도 한다. 이 또한 단순하게 살펴볼 수 있는 문제는 아니다. 게다가 이 조건들은 역사 속에서 변화해왔고 또 앞으로도 변할 것이다.

기생, 해어화, 갈보, 창녀, 양공주, 매춘부, 성판매인, 성노동자······.

성이 일과 만나게 되면서 지난 역사 속에서 만들어진 여러 단어다. 이름을 많이 가지고 있다는 것은 그만큼 파란만장한 호명의 역사를 가지고 있다는 뜻이다. 이는 또한 그만큼 치열하게 존재를 증명하기 위한 길을 걸어왔다는 뜻이기도 하다. 이 중 '해어화'는 '말하는 꽃'이라는 의미다. 꽃은 감상의 대상일 뿐이지만 '해어화'는 꽃이면서 인간의 말까지 알아듣고 거기에 대꾸까지 할 수 있는 존재다. 그러나 당연하게

도 이 용어는 상대방을 존중하고 동등하게 여겨 만든 말이 아니며, 그 말을 만들어 쓰는 자와 그렇게 불리는 이 사이의 위계가 이미 상정되어 있는 상태에서 등장한 말이다. '갈보'는 '전갈처럼 징그럽고 독을 품고 있으며 해롭다'는 의미를 갖는다. '해어화'보다 한층 더 독해진 표현이다. 이에 비해 문자 그대로만 보면 '노는 여자'를 뜻하는 '창녀'나 '양키, 즉 '서양 남자에게 성을 파는 여자'를 가리키는 '양공주', '봄을 파는 여자'를 뜻하는 '매춘부' 등은 오히려 한결 부드러운 표현으로 보일 지경이다. 그러나 현실은 그렇지 않다는 것을 누구나 어느 정도는 알거나 짐작하고 있다.

'성판매인'과 '성노동자'는 앞에서 에둘러 묘사된 사람들이 정확히 무엇을 하고 있고 왜 하고 있는지를 더욱 명료하고 가치중립적으로 드러내기 위해 고안된 말이다. '판매인'과 '노동자'는 근대적 개념 논의 안에서도 매우 다른 층위에서 논의될 수 있는 용어다. 얼핏 봐도 '판매인'은 '판매하는 행위'와 '판매 주체'를 중심으로 논의될 용어고, '노동자'는 근대 자본주의적 '노동' 개념과 '생산' 및 '가치' 개념, '노동자성'에 대한 논의로 이어지게 될 용어다. 두말할 나위 없이 판매든 노동이든 그것이 노는 행위가 아니라 일이라는 점에서 공통된 출발지점을 갖고 있다.

성판매나 성노동 모두에서 공히 주지해야 할 점이 있다. 그것은 바로 그 현장에서 일하고 있는 사람들, 바로 그 현장의 주체들이다. 어떤 사회적 현장에서 일어나는 문제든 그것을 해결하기 위해 할 일 중 하나는 그 현장에 있는 직접적 주체의 목소리를 듣는 일이다. 그런 의미에서 성판매 또는 성노동 현장의 문제를 해결하기 위해서는 무엇보다 그 현장에 있는 주체의 목소리가 사회적으로 경청되어야 한다. 그러나 그러한 일이 결코 쉽게 일어나지는 않는다.

이것은 무엇보다 성, 특히 여성의 성이 가부장제적 이성애 가족질서를 넘어설 때 그것을 넘는 여성에게 혹독하게 가해지는 낙인이 존재하기 때문이다. 그리고 이 낙인은 무엇보다 일부일처제적 가족질서와 그것과 맞물려 있는 남성 중심적 권력질서를 떠받쳐온 성에 대한 특정한 가치관에 기반을 두고 있다. '사랑이 넘치는 젊은 중산층 부부'나 '서로 존중하며 반평생을 함께 생활해온 아름다운 노년의 부부'는 현실에서 비일비재하게 볼 수 있는 일반적 존재가 아니라 오히려 일종의 이상향에 불과하다. 혼인을 하게 되는 이유, 이혼, 가정폭력, 부부강간 등에 대한 통계수치가 이를 잘 보여주고 있는데도 그 이상향을 떠받쳐주는 상상력에 근거한 가치관은 매우 공고하게 뿌리내려 있다. 그것이 얼마나 허구적인 이상인지를 근대 자본주의 등장 이후의 가족, 연애, 사랑, 성 등을 다룬 숱한 학술서가 살피고 밝혀왔지만 그 가치관의 뿌리를 크게 흔들어놓지는 못했다. 아마 그것은 그러한 가치관이 현실에 뿌리를 두고 있는 것이 아니라 무엇보다도 상상 속에 뿌리를 두고 있기 때문일 것이다.

상업적으로 교류되는 성은 바로 아름다운 일부일처제적 중산층 가정에 대한 이러한 상상과 그것에 뿌리를 둔 가치관을 위협하는 일이다. 혹독한 낙인은 바로 이 상상을 해치는 일에 대한 응징이다. 그러나 단지 그것만은 아니다.

아름다운 일부일처제적 중산층 가정에는 반드시 그 가정을 '가꾸고 보살피는' 여성이 등장한다. 여성이 일차적으로 담당하고 감당해야 하는 사회적 역할은 '가정주부'이자 '어머니'다. 그 외에 여성이 하는 일은 여성이 일차적으로 책임져야 할 일은 아니라고 간주된다. 그러므로 여성이 '가사' 외에 하게 되는 일은 '부업' 혹은 '자원봉사'가 된다. 그 여성이 하는 일이 남성이 '직업'으로서 하고 있는 일과 완전히 동일한 경우라 하더라도 마찬가지다. 또한 그런 일을 남성과 똑같이 하면서도 여성은 '가사'를 등한시해서는 안 된다. 가사는 여성의 본업이고 그 외의 일은 모두 부업이기 때문이다. 심지어 그 여성이 남편을 포함해 가족 전체의 생계를 책임지고 있다 할지라도 그 여성이 일차적으로 담당하고 감당해야 하는 일에 대한 사회적 기대는 크게 달라지지 않는다.

여성이 아름다운 일부일처제적 중산층 가정을 가꾸고 보살피기 위해 일차적으로 가사를 담당해야 한다는 인식은 가사를 포함해 여성이 하는 모든 일이 남성이 하는 경우만큼 가치와 보상을 받지 못하는 결과로 이어진다. 본업이라는 가사노동은 원래부터가 금전적 보상을 목적으로 행해져야 할 일이 아니다. 그것은 '사랑'에 기반을 두고 무임으로 해야 하는 일이다. 또한 그 외의 일은 여성의 본업이 아니기 때문에 그것을 본업으로 하는 남성만큼 보상을 기대해서도 안 된다. 상업적으로 교류되는 금전적 보상이 주어지는 성은 이러한 아름다운 일부일처제적 중산층 가정에 대한 상상의 맞은편에 샴쌍둥이처럼 존재한다.

여기서 질문은 이것이다. 도대체 이런 상황은 누구를 위해 존재하는 것인가? 성산업에 종사하는 '여성'들이 '나는 성노동자다'라고 말할 때, '나는 당신만큼이나 구조의 피해자고 당신만큼이나 구조를 바꾸려는 행위자이며 당신처럼 일을 하는 노동자다'라고 말할 때, 그것이 얼토당토않다고 생각하는 사람은 무슨 일을 하고, 어떤 사회적 위치에 있으며, 어떤 가치관을 가지고 무엇을 지키고자 하는 사람인가?

한국에서 2004년에 제정된 성매매방지특별법 발의를 촉발한 계기인 2000년에 발생한 군산 성매매 업소 화재사건 당시, 밖에서 자물쇠가 채워져 그야말로 감금된 채 성매매 업소 여성들이 불타 사망한 사건에 대해, 그리고 2014년에 자신과 자식의 생계를 해결하기 위해 성노동을 해왔던 젊은 미혼의 어머니가 성매매방지특별법에 따른 단속으로 이뤄진 함정수사를 피해 달아나려고 건물 창밖으로 몸을 던져 사망한 일에 대해 누가 어떤 질문을 누구의 입장에서 하고, 어떤 답변들을 누구를 위해 내놓았으며 또 내놓고 있는가?

전직 성노동자이자 현직 저널리스트인 이 책의 저자 멜리사 지라 그랜트는 바로 성노동자들이 이 질문들과 답변을 직접 해야 한다고 주장한다. 그리고 지금까지 '피해자 구조'라는 이름으로, 페미니스트들이 행한 일들조차 근본적으로 혹은 기본적 태도에서 실제 현장에서 일하고 있는 사람들의 인권을 심각하게 침해하고, 그들이 자신이 겪고 있는 인권침해에 대해 정당하고 적법하게 호소할 수 있는 길을 가로막아왔다고 말한다. 그것도 모자라 동료들 사이에서 일하는 동안 스스로의 안전을 지키기 위한 여러 방법에 대해 정보를 공유하는 것조차 거의 불가능한 지경에 이르게 만들고 있다고 비판한다. 그랜트는 그 근거로 미국을 포함해 캄보디아 등지의 동남아시아 국가에서 수집된 다양한 사례를 설득력 있게 제시하고 있다. 이 점은 책 곳곳에서 발견되는 저자의 조심스러운 태도에서도 드러난다. 간단하고 명료하게 쓸 수도 있는 것을 거슬릴 만큼 꼬고 주저하며 쓴 것이 역력해 보이는 문장들이 이를 말해준다. 저자가 어떤 상황에서 어떤 마음으로 이 문장들을 써내려가야 했을지 짐작할 수 있다면, 저자가 이 책을 내면서 향후에 닥쳐올 수도 있을 문제(예를 들어 성노동에 관한 정보공유죄로 형사처벌을 받을 수도 있을 것이다)를 피할 수 있다면 피하기 위해 어쩔 수 없이 마련해놓은 장치들임을 이해한다면, 이렇게 꼬인 문장은 문장력의 한계가 아니라 그만큼 꼬여 있는 사회적 상황에서 기인한 것임을 이해할 수 있다.

2015년 한국에서는 한 성노동자가 현행 성매매방지특별법이 헌법에서 보장하는 직업선택의 자유라는 기본권을 침해하고 있다고 위헌소송을 냈다. 헌법재판소는 이 법이 당대 한국 시민들의 도덕감정에 부합한다는 것을 근거로 합헌판결을 내렸다. 그런 한편 영향력 있는 국제인권단체인 국제앰네스티는 성노동 비범죄화 지지를 밝혔고, 이듬해인 2016년에 이 입장이 표명된 상세한 정책자료를 발표했다.

이런 상황에서 성노동자의 눈으로 이 사안들을 조목조목 들여다보고 있는 그랜트의 이 책은 성과 노동의 문제, 상업적 성교류의 문제, 무엇보다도 그 현장에서 일하고 있는 사람들의 삶을 걱정하고 고민하고 연대하고자 하는 사람들로 하여금 이 문제들에 대해 새로운 시각 혹은 더 깊은 시각을 갖도록 해줄 것이다.

특히 그랜트가 마지막에 제안하고 있는 '창녀whore'라는 용어의 재전유는 반反성매매 입장에 있는 이들과 성노동론 입장에 있는 이들 모두가 귀담아들을 필요가 있어 보인다. 성을 부정적으로 보든 불가피한 것으로 보든 또 다른 어떤 시각에서 보든 어떤 이에게, 특히 여성에게 심각한 사회적 손상을 입히는 힘을 가진 언어로 '창녀'만한 것은 없다는 점에 동의할 것이다. 일단 '창녀'로 낙인찍히면 많은 것, 어쩌면 모든 것을 잃는다. 존중, 존경, 권리, 가족, 친구, 자식, 집, 이웃을 잃을 뿐만 아니라 무엇보다도 말할 수 있는 능력을 빼앗기게 된다. 그녀가 하는 어떤 말도 당사자가 하는 '진정한' 말로 인정받기 힘들어지기 때문이다.

이 점은 그랜트가 책에서 지적하고 있듯, 성노동을 해보지 않은 이들이 성노동에 대해 '상상'하고 그것을 성노동의 진실이라고 믿는 것과도 관련되어 있다. 상상이 아니라 현실을 알기 위해서는 성노동 현장에 있는 사람들의 목소리를 최대한 그들의 다양한 입장에서 들어보는 것이 가장 우선적으로 필요할 것이다.

한국은 성산업의 역사가 오래된 국가이고 식민지와 전쟁원조, 압축적 근대화와 급속한 산업화를 겪은 국가인 탓에 성산업의 형태와 내용, 그곳에서 일하는 사람들, 성산업에서 이득을 보는 수혜자들 등이 매우 복잡하게 얽혀 있다. 거기에 더해 대개의 국가들보다 미디어 산업, 정보기술의 발달과 대중화로 말미암아 어느 국가보다 더 다양하고 복잡한 형태의 성산업이 존재하는 사회이기도 하다. 바로 이런 이유로 성산업에서 이윤을 얻는 이들은 그랜트가 이 책에서 지적하고 있듯, 유명한 고급 호텔일 수도 있다. 그러나 성산업을 단죄하고자 하는 눈이 주목하는 것은 거의 한결같이 가장 열악한 상황에서 일하고 있는 노동자들이다.

성매매방지특별법에 대해 위헌신청을 제기한 성노동자는 합헌판결이 났지만 다시 재소를 할 것으로 보인다. 그리고 지금 이 순간에도 곳곳에서 낙인에 더해 범죄행위를 하고 있다는 불안함 속에서 성노동이 범죄가 아니라면 겪지 않을 수도 있을 수많은 폭력과 인권침해 그리고 생계불안 등에 고스란히 노출되어 있는 이들이 여전히 그 현장에서 '일'을 하고 있다.

그랜트가 우리에게 들려주는 이야기를 가만히 잘 들어보면 좋겠다. 그리고 다시 한번 성노동에 대해 현장에 있는 그들의 입장에서, 그들의 목소리를 기반으로 사유할 수 있기를 바란다. 그랜트는 말한다.

네이글은 "창녀에 대한 처벌이나 낙인으로 고통당하는 데 실제 창녀일 필요가 있는 것도 아니다"라고 말한다. 창녀 낙인이라고 불리는 것은 우리가 그것을 넘어설 수 있는 방법, 다시 말해 차이를 가치 있게 여기고 성거래 안팎에 있는 여성들 사이의 연대를 발전시킬 방법을 제시해준다.

성노동이라는 말과 함께 창녀 낙인도 명백하게 성노동자 페미니즘의 것이다. 성노동자 페미니즘은 오직 소수의 여성만이 성노동자이기 때문에 쓰일 수 있는 말이기도 하지만 거기에 더해 여성들 모두가 창녀 낙인과 협상하고 있음을 주지하는 페미니즘이기 때문에 쓰이는 것이기도 하다. 창녀연대행동은 창녀라는 용어보다 먼저 존재했다. 1982년에 '영국 매춘인 모임English

Collective Prostitutes, ECP'이 조직한 런던교회 점거 사례와 같이 말이다.

이것은 성노동자 페미니스트들이 페미니스트 담론과 운동에 끼친 근본적인 기여 중 하나다. 창녀 낙인 아래 살고 있는 모든 이의 이름으로 창녀 낙인에 문제를 제기한 것이다.

그랜트가 바라듯, '성노동자 페미니즘'이 도래하기를 기대한다. 흑인 페미니즘이 가능하고 제3세계 페미니즘이 가능하고 퀴어 페미니즘이 가능하다면 '성노동자 페미니즘'이 불가능할 이유도 없어 보인다. 심지어 '창녀 페미니즘'도 생각해볼 수 있을 것이다. 그랜트가 말하듯, 성노동자 페미니즘의 핵심 활동 중 하나는 '창녀 낙인'을 해체하기 위해 '창녀연대행동'을 조직하는 것일 수도 있으리라.

그런 그랜트를 응원한다. 그리고 한국에도 그랜트와 입장을 같이할 성노동자들이 있다면(있을 줄로 안다) 그들을 응원한다. 깊은 연대의 마음으로.

2017년 새봄에
박이은실

1장_ 경찰

이전에는 여성이라 불리던 존재를
이제 매춘부라는 존재로 만드는 것이
경찰력의 목적이다.
이는 사회적으로 용인된 여성 훈육방식이며
법과 질서에 대한 열망으로 움직인다.
이 열망은 '상상된 매춘부',
즉 우리가 매매춘에 대한 관념과 논쟁을
만들어내는 방식의 핵심에 있다.
상상된 매춘부는 매매춘을 통제하거나
근절하려는 과정에서
이득을 보려는 이들을 움직이고 있으며,
이런 이들이 만들어낸 수사적 생산물이기도 하다.
상상된 매춘부는 성에 대한 환상, 두려움,
인간적 삶이라는 가치들에 의해 만들어진다.

"매력적인 금발의 여성이 파고호 텔방 안으로 들어간다. 검은 가죽 재킷을 입고 콧수염을 기른 남자가 그 뒤를 따른다. 그는 그녀에게 이곳에는 어쩐 일로 왔느냐고 묻는다."

엉덩이가 보일 듯한 청바지를 입은 금발의 여자가 자리에 막 앉으려는 참이다. 당신은 그녀의 어깨와 뒤통수만 볼 수 있다.

또 다른 방에서는 한 남자가 검은 머리의 여자를 바라보고 있다. 그녀는 남자의 맞은편에 앉아 있다. 가운을 입고 있거나 티셔츠 차림인데 실내조명에 눈이 부셔서 제대로 보기가 힘들다. 남자는 선 채로 사각팬티를 벗는다. 그리고 여자에게 보여줄 수 있느냐고 묻는다. 그녀는 가운을 떨어뜨리거나 어깨에서 셔츠를 살짝 벗어 내리며 화장실에 잠깐 다녀오겠다고 말한다.

"만족할 거예요."

세 번째 여자가 말한다.

"그게 제 일이니까요."

그 방에 놓인 텔레비전에서는 연미복을 입고 춤추는 남자들이 나오는 오래된 할리우드 영화나 드라마가 항상 틀어져 있다.

텔레비전 앞에서 두 여자가 수갑을 차고 있다. 남자는 여자들에게 심문을 할 테니 앉으라고 명령한다. 경찰복을 입은 남자가 한 여자의 손목을 잡고 말한다.

"수갑을 채울 거요. 너무 조이게 하진 않겠소."

여자가 묻는다.

"내가 뭘 잘못한 건지 물어도 될까요?"

이와 유사한 또 다른 비디오테이프에는 "거짓말이 아닙니다. 이걸로 자위했습니다"라는 글이 붙어 있다.

이런 내용의 비디오테이프들은 아마추어 포르노물의 도입부를 닮았다. 하지만 이런 비디오는 인터넷에서 유폰YouPorn, 폰허브PornHub, 레드튜브RedTube 등을 검색해서는 찾을 수 없다. 이 동영상들은 바로 존티비닷컴JohnTV.com에 올려져 있고 "조회수가 600만이 넘는다."

존티비는 브라이언 베이츠Brian Bates가 만든 '비디오 자경단'이라는 프로젝트의 산물이다. 거기에는 1996년부터 베이츠가 '매춘부'◆나 '창

◆ prostitute: 보통 '매춘부'라고 번역되고 한국어에서도 매춘부라는 용어가 일반적으로 쓰인다. 그러나 매춘을 하는 사람들이 반드시 여성인 것은 아니기 때문에 이 책에서는 특별히 매춘 여성을 비하하는 용어로 쓰이는 사례를 좀더 분명히 드러낼 목적이 아닌 경우에는 '매춘인'으로 옮겼다. prostitution은 맥락에 따라 매매춘 또는 성매매, whore는 창녀, sex trade는 성거래, antiprostitution은 맥락에 따라 반매매춘 또는 반성매매, hooker는 갈보로 옮겼다.

녀'라고 의심한 여성들의 뒤를 밟아 '존'◆이라는 별칭으로 불리는 남자들과 함께 있는 장면을 촬영한 영상물이 올라가 있다. 그것들은 각각 검거, 함정, 포주 프로파일 등과 같은 범주로 나뉘어 있다. 이 비디오들은 얼굴, 대체로 흑인 남자의 얼굴을 보여주면서 시작되고 그의 이름과 범죄 혐의가 따라 나온다.

베이츠는 자신이 "자치 순찰대와 인신매매 담당관과 함께 일한다"고 주장한다. 그는 독자적으로도 활동하는데 행동 개시 중인 남자들과 여자들을 잡기 위해 길거리나 주차된 차 안에 숨어 있다가 의심이 가는 사람들을 따라가기도 한다.

베이츠에게 카메라는 증거를 담는 도구만이 아니다. 성을 팔고 있다고 여겨지는 여성들을 마구 촬영하는 것이 합법적 행위가 아닌데도 그것을 온라인에 올려 그 여성들을 괴롭히고 있다는 사실을 덮는 역할도 한다.

여섯 개의 비디오들은 베이츠가 파고호텔에서 찍은 것이 아니다. 그는 자신의 블로그에 "존티비가 이런 종류의 비디오를 만든 건 이번이 처음입니다"라고 써놓았다. "대개 이런 종류의 비디오들은 〈경찰COPS〉

◆　Johns: 존이라는 이름은 성매매 남성 고객을 가리키는 은유어로 쓰인다.

같은 텔레비전 프로그램처럼 방송국이 심혈을 기울여 편집해 텔레비전에서 방송하죠"라고도 써놓았다. 이 여섯 개의 미편집본 비디오는 "우리 지역 매춘부들의 범죄가 밝혀지다"와 같은 헤드라인으로 장식되는 노스다코타North Dakota 뉴스에 포함되어 있다. 이 비디오들은 그 방송국 리포터가 만든 게 아니다. 바로 파고경찰청이 제작한 것들이다.

이 비디오들에서는 협상과 심문 사이에 일어나는 많은 일을 볼 수 있다. 초조한 고객인 척하는 남자가 자신이 '풀 서비스'를 받게 되는지 혹은 여자가 '더한 것을 팔 건지'를 묻는다. 이 비밀경찰들은 지원 요청을 하기 전에 '잠깐 씻고 나오겠다'는 훈련된 핑계를 댄다. 그리고 잠시 후 갑자기 검은 조끼에 야구모자를 쓰고 뛰쳐나와 얼굴을 숙이고 두 팔을 벌린 채 꿇어앉으라고 지시하며 실오라기 하나 걸치지 않은 사람들에게 총을 겨눈다.

함정수사는 성을 사는 남자와 파는 여자 또는 경찰이 이미 목록에 올려놓은 남녀를 대상으로 하는 경찰의 전술이다. 경찰은 요즘 도로 주변만 순찰하는 데 그치지 않는다. 성이 판매되고 있다고 여겨지는 인터넷 광고를 검색한 뒤 고객으로 위장해 광고를 올린 사람과 접촉한다. 그리고 만날 호텔을 정하고 와이파이 서비스는 물론 복도에 얼음 불까지 갖춰진 편안한 장소에서 체포하려고 든다.

이 비디오들은 증거 보존실에 잘 보존되든 그렇지 않든 상관없이

11시 정각 뉴스에서 방송되거나 자경단 블로그에 올라감으로써 그것 자체가 이미 일종의 처벌이 된다. 그들은 자신이 언제든지 이들을 체포할 수 있다고 말한다. 그리고 체포현장을 목격한 사람이 아무도 없다 해도 누구든지 이 체포장면을 볼 수 있게 될 거라고 말한다. 카메라에 담긴 체포현장이 반복해서 나올 때마다 화면 속 사람들은 계속 체포 중인 상태가 되는 것이다.

산업발전을 이룬 국가 중에서 가장 나중에 발전한 국가 가운데 하나이자 그중에서도 성적 서비스 판매를 법으로 금지하는 국가인 미국에서라면 이렇게 물어야만 할 것이다. 왜 우리가 성거래를 하는 이들을 체포하는 것이 공공선을 이룩하는 길이라고 그토록 고집스럽게 주장하는지를 말이다. 그 목적이 무엇일까? 질서유지일까? 보호일까? 아니면 처벌일까?

체포장면을 녹화한 동영상이 나오기 전까지 일어났던 일에 관한 어떤 증거도 중요하게 고려되지 않을 것이다. 이전까지는 매춘 여성이 아니었다 할지라도 동영상을 보는 이들과 검색엔진의 기억 속에서 이제 이 여성은 매춘 여성이다. 매매춘 관련 행위로 체포된 이들 중 기소 내용에 대해 문제를 제기하는 사람은 거의 없다. 파고호텔에서 체포된 한 여성이 "나는 잘못한 게 하나도 없어요"라고 강변하는 것처럼 비디오테이프에 찍혀 있는 이들이 잘못한 게 없음을 다시 진술하기 위해 체포장면을 담은 비디오를 다른 내용으로 대체하는 일도 일어나지 않는다. 이 비디오들에서 끊임없이 누군가를 체포 중인 사복경찰들은 또한 이 여성들에게 끊임없이 폭력을 행사하고 있다. 카메라가 돌고 있음에도 이러한 폭력은 즉시 인식되지 않는다.

이전에는 여성이라 불리던 존재를 이제 매춘부라는 존재로 만드는 것이 경찰력의 목적이다. 이는 사회적으로 용인된 여성 훈육방식이며 법과 질서에 대한 열망으로 움직인다. 이 열망은 '상상된 매춘부', 즉 우리가 매매춘에 대한 관념과 논쟁을 만들어내는 방식의 핵심에 있다. 상상된 매춘부는 매매춘을 통제하거나 근절하려는 과정에서 이득을 보려는 이들을 움직이고 있으며, 이런 이들이 만들어낸 수사적 생산물이기도 하다. 상상된 매춘부는 성에 대한 환상, 두려움, 인간적 삶이라는 가치들에 의해 만들어진다.

함정수사는 부당한 법을 강제하거나 끝없는 재판으로 이어질 뿐만 아니라 그 자체로 두려움을 자아내려는 목적으로 이뤄진다. 함정수사는 성노동자들과 성노동자로 이름이 올라 있는 사람들에 대한 경찰의 만연한 직권남용 사례의 일부분일 뿐이다. 성노동자 프로젝트로 진행된 한 설문조사에 따르면, 뉴욕 시의 거리 성노동자들 중 70퍼센트가 거의 매일 경찰에 붙들리고 30퍼센트는 경찰로부터 폭력위협을 당한 경험이 있다. "회전문: 뉴욕 시 거리 매매춘 분석"이라는 글에 따르면,

거리 성노동자들이 경찰에게 도움을 요청하는 경우 대체로 무시를 당한다.

캐럴은 연구자들에게 이렇게 말했다. "길거리에서 무슨 일을 당한들 경찰이야 불러도 오지 않아요. 도움이요? 생각도 말아야 해요. '누가 길거리에 나가 있으랬어?'라고 말하는 식이죠. 한 10대 여성이 집단강간을 당했을 때는 이렇게 말했어요. '신경 쓸 필요 없어. 거리 여자야'라고요. 그 여자는 '당신 딸들에게는 이런 일이 절대 안 일어나길 바라. 나도 인간이라구!'라고 소리쳤죠."

제이미는 사고를 당했다. 그녀는 당시 "서성거리며 걷고 있었는데…… 남자들이 지프차를 타고 제 옆으로 와서는 그중 한 남자가 저를 향해 병을 던졌어요. 저는 경찰에게 갔죠. 그곳이 매매춘구역이라는 것을 우리가 알고 있기 때문에 처음부터 그 구역에 있어서는 안 되었다고, 거기 있다가 무슨 일을 당하면 그건 우리가 당해도 싸기 때문이라고 말했던 바로 그 경찰에게요"라고 말했다.

경찰폭력은 거리에서 일하는 성노동자들만 겪는 문제가 아니다. 성노동자 프로젝트가 동시에 실시한 또 하나의 조사에 따르면, 기본적으로 실내에서 일하는 성노동자들 중 14퍼센트가 경찰에게 폭력적 대우를 받은 적이 있다고 말했고, 16퍼센트는 경찰관이 성관계를 가지려 시도했다고 보고했다.

이것은 법집행을 이유로 시민권 침해를 일삼는 것으로 악명이 높은 뉴욕 경찰에 대한 이야기지만 전 세계적으로도 경찰이 성노동자들의 권리를 침해하는 일은 매우 흔하고 이에 대한 보고서도 상당히 존재한다. 서벵갈에서는 성노동자 모임인 두바르 마힐라 사만와야 위원회 Durbar Mahila Samanwaya Committee가 성노동을 하는 2만 1,000명의 여성들을 상대로 설문조사를 실시했다. 이 조사를 통해 알려진 경찰폭력 피해 사례는 4만 8,000건으로, 이는 특히 성매매 반대 운동가들이 성노동자들에게 가장 큰 위협이라고 생각하는 고객에 의한 폭력피해 사례가 4,000건이었던 사실과 매우 대비되는 것이다.

성노동자들에게 가해지는 경찰폭력은 전 세계적으로 계속되고 있다. 그리스에서는 경제붕괴에 이어 경찰들이 집창촌에 들이닥쳐 성노동자들을 체포·구금하고 강제로 HIV(후천성 면역 결핍 바이러스) 테스트를 하게 만든 것도 모자라 언론에 이들의 사진과 HIV 감염 여부를 공개했다. '유엔에이즈기구UNAIDS'와 '인권감시단Human Rights Watch'은 이를 비판하는 보도를 내보냈다. 중국에서는 경찰이 체포한 성노동자들에게 수갑을 채운 뒤 줄지어 '수치 행진shame parades'을 시켰고 사진까지 찍었다. 중국 경찰은 이 사진들을 인터넷에 올렸는데, 그중에는 경찰이 몸에 실오라기 하나 걸치지 못한 한 여성의 머리채를 뒤에서 잡아끌며 그 여성의 얼굴을 잔인하게 카메라를 향해 노출시키고 모욕을 주는 사진도 포함되어 있다. 그 사진이 급속도로 퍼지자 이같이 공개적으로 모욕을 주는 관행을 지양하라는 요청이 빗발쳤다. 그러나 폭력적인 급습과 체포는 여전히 계속되고 있다.

이와 같은 사진과 동영상이 전 세계적으로 만연한 경찰폭력을 대중이 깨닫게 해줄 수 있다는 희망을 가질 수도 있다. 그러나 우리는 이런 폭력에 진정으로 저항하기 위해, 어떤 여성들의 사회적 가치와 성적 가치를 보호하려는 목적으로 또 다른 여성들에 대한 폭력이 허용되고 있다는 사실부터 먼저 인정해야 한다.

폭력의 가치

나는 왜 우리가 성매매를 불법으로 만들었는지 묻는 것을 그만두었다. 그 대신 우리가 '매춘인'에 대해 얼마나 많은 폭력이 허용되도록 만들고 있는지 묻고자 한다. 경찰은 체포하고, 돕기를 거부하고, 만행을 저지른다. 이 모든 것이 함정수사와 그것을 비디오로 찍는 행위의 배경이 되고 우리로 하여금 처벌과 폭력을 정의라 믿고 추구하게 만든다.

이 책을 쓰는 동안 나는 예일대학교 법대 학생들과 교원들을 대상으로 하는 특강 요청을 받았다. 그날 발표에서 나는 이 비디오들에 대해 설명했다. 강의가 끝나고 그 자리를 나오기 위해 출입문 앞에 잠깐 서 있는데 학생 몇이 다가와서는 내가 '매매춘에 대한 나의 입장'을 먼저 밝히고 이야기를 시작했다면 훨씬 더 설득력이 있었을 것으로 생각한다고 말했다.

"경찰폭력과 '매춘부'라는 꼬리표가 달린 사람들이 지속적으로 부당한 대우를 받고 있는 현실에 대해 학생 자신이 어떻게 느끼는지 스스로 묻고 알기 전에 내가 매매춘을 반대하는지 아닌지를 꼭 알 필요가 있다는 건가요?"라고 나는 학생들에게 물었다. 이 비디오들이 허용될 만한 폭력을 기록해둔 것 정도로 이해되어야 하는 것인가? 이런 폭력이 억제책으로 이해되고 활용되어야 하는 것인가? 매춘 여성들을 일부러 안전하지 못하게 만들어야 하는 것인가?

이제 내 발표는 다음의 내용이 덧붙여져 이어질 것이다. 그러니까 이 학생들은 사람들이 매매춘 '시스템'이라고 여기는 것에 반대할 때 얼마나 고집스럽고 편협한 것에 초점을 맞추는지를, 그리하여 심지어 성노동자들에 대한 경찰의 폭력마저 그 시스템 안에서 불가피하게 일어날 수밖에 없는 것이 되도록 만드는지를 가르쳐준 것이다.

성노동자들이 맞닥뜨린 낙인과 폭력은 성노동 자체보다 훨씬 더 해롭다. 그러나 이 점은 성매매 자체를 폭력이 폭력을 낳는 시스템으로 이해하는 이들에게는 보이지 않는다. 그들에게 성매매는 여성과 남성에게 허용되는 최대치가 어디까지이며 어디에서부터 권리가 사라지고 폭력이 정의가 되는지를 나타내는 표식이다. 이것은 가장 보호받을 만한 자격이 있는 이들을 위한 보호비용으로 받아들여진다. 성노동 반대론자들은 성매매가 폭력적인 제도라고 비난하지만 사람들이 그것에 가까이 가지 못하도록 행사되는 폭력은 허용하고 있다.

파고 비디오는 일반 대중으로 하여금 성노동자들에게 행해지는 이 폭력을 목격하게 만들면서도 우리가 이런 식으로 성노동자들의 존재를 규정한다는 사실을 인정하는 데까지 나아가지 않는다. 이 비디오들을 통해 우리는 공공장소에서 성노동자들이 이동하고, 생계를 꾸리고, 노동조건을 결정하는 능력을 통제하는 데 목적이 있을 뿐인 경찰의 술책과 이로 말미암아 그 마지막 몇 분 동안 이 사람들이 어떻게 비디오 영상 안에서 전시되는지를 보며 그것만을 이들의 삶을 보여주는 증거로 여길 것이다. 이 비디오들은 그 순간, 다시 말해 합의가 이뤄지고 돈이 교환되는 그 순간을 잡아내고 중계하는데, 이 장면이 무엇이 성매매인지를 보여준다고 여겨진다. 이는 실내에서 이뤄지는 인터넷을 통한 성거래에서도 마찬가지다. 두 사람이 닫힌 문 뒤로 가서 꽃무늬 침대보 위에 앉아 일을 시작하기 전에 계산서를 정산하는 모습 말이다. 물론 수갑이 채워지기 전의 모습이다. 거의 모든 성노동자의 삶은 바로 이 순간으로 축소되고 만다. 노스다코타에 있는 파고호텔의 어느 방에서 일어난 장면을 보는 대중에게 화면 속 사람들의 삶은 별 값어치가 없는 것이다.

교도소의 눈

매춘인이 하는 사회적 행동은 현금이 그녀의 손에 쥐어지는 순간, 다시 말해 그녀가 합의를 하는 순간으로 축소된다. 법이 바로 그 순간에 가장 큰 관심을 갖는 것은 우연이 아니다. 체포하기 위해 경찰이 성행위가 진행되는 과정을 관찰할 필요는 없다. 사실 캐나다와 영국 같은 몇몇 국가에서는 성행위 자체는 불법이 아니다. 법적으로 불법인 것은 대개의 경우 "호객을 목적으로 하는 대화" 또는 심지어 "호객 의도를 가지고 서성이는 것"이다.

성매매는 대부분 말하는 행위가 불법이 되는 범죄다. 몇몇 도시에서는 걷는 것이 불법이 되는 범죄다. 위싱턴 시에서는 경찰서장이 '성매매 없는 구역'으로 발표한 곳에서는 두 명 이상만 모여 있어도 경찰이 이들을 체포할 수 있다. 뉴욕 퀸스 지역에서 트랜스젠더 여성들은 사실이 그렇든 아니든 상관없이, 이들이 '일하러' 나온 것이라고 일단 의심하며 뒤따라 붙는 경찰들 때문에 동네에서, 또 집에서 전철역까지조차 편하게 걸어다닐 수가 없다고 말한다. 잭슨 하이츠에서 온 한 라틴계 트랜스젠더 여성은 "난 단지 타코를 사러 갔을 뿐이거든요. 그런데 경찰이 나를 붙잡고는 수갑을 채웠어요. 내 브래지어 안에서 콘돔을 찾아내서는 내가 성노동을 하고 있었다고 말했죠. 수갑을 채운 뒤에 내게 무릎을 꿇으라고 하더니 가발을 벗겨 갔어요. 그렇게 날 체포해 이송해 갔죠"라고 '새로운 요크 거리 만들기Make the Road New York' 관계자에게 말했다.

사람들은 성노동자들과 성노동자라고 여겨지는 이들은 누구나 **항상** 일을 하고 있다고 믿으며 경찰의 눈에 이들은 항상 범죄를 저지르고 있다. 경찰이 성노동자 목록에 올려놓은 사람들 중에는 성전환 여성들, 유색인 여성들, 퀴어와 외모나 행동 면 등에서 기존의 성별 규범을 따르지 않는 청소년의 수가 불균형적으로 많이 포함되어 있다. 이는 성을 단속하려는 게 아니라 섹슈얼리티와 젠더가 의심스럽다고 여겨지는 사람들을 블랙리스트로 만들어 단속하려는 것임을 말해준다.

경찰이 희롱, 분류, 체포 등을 통해 특정 집단의 사람들을 거리에서 몰아내기 위해 '범죄에 대해 강력한 태도'를 보여야 할 필요는 없다. 윤

락방지법 강화 요구는 경찰 상부의 명령뿐만 아니라 페미니스트들 쪽에서도 나온다. 경찰은 비교적 최근에 변화한 반反성매매 수사rhetoric와 심지어 주류 여성운동단체들이 하고 있는 주장을 받아들여 이제는 '매춘에 동원된 여성'이라고 부르는 사람을 체포하는 대신 '존', 즉 '수요자'를 체포한다. 우리는 '전미여성협회National Organization for Women, NOW'와 '당장 평등Equality Now'과 같은 단체들이 성노동자에게 폭력을 일삼는 측과 같은 편이라고 보게 되었다. 바로 경찰들과 한편이라는 말이다. 그리하여 우리는 뉴욕 나소Nassau 지방의 여성 검사, 캐슬린 라이스Kathleen Rice를 갖게 된 것이다. 라이스는 성적 서비스를 구매하려 했다는 명목으로 한 달 만에 106명의 남성을 체포하고, 성적 서비스를 판매하려 했다는 명목으로 23명의 여성을 체포했다. 그런 후 기자회견장 뉴스 카메라 앞에서는 자신의 옆에 놓인 게시판 포스터에서 체포된 여성들의 사진을 삭제하게 했다. 그러나 여성들은 자신의 고객들이 체포되는 와중에 여전히 체포되고 있다.

라이스 지방검사는 사회학자 엘리자베스 번스타인Elizabeth Bernstein이 '교도소 페미니즘'이라고 묘사했던 것, 즉 젠더 정의를 실현하기 위해 국가의 법질서 권력에 의지하는 페미니즘에 가장 일치하는 전형이다. 이제 어떤 페미니스트들은 성노동 단속을 범죄와의 싸움이라 말하는 대신 성평등이라는 명목으로 경찰에 함정수사를 실시하라는 요구까지 하고 있다. 우리는 페미니스트 유토피아를 향한 걸음을 멈출 수 없다. 그렇다고 영향력 있는 여성운동조직들이 우리에게 가만히 있으라고 요구하는 것까지 막지는 못했다.

이것이 라이스 지방검사가 남자들을 체포할 때는 자신이 "그 요구를 따르고 있다"고 주장하고, 여성들을 체포할 때는 단지 "(사회복귀) 서비스를 받을 수 있도록 데려간다"고 주장할 수 있게 된 배경이다. 대체 어떻게 자신을 위협하거나 체포당하지 않게 해주는 대신 성관계를 해달라고 요구하는 경찰이 활개 치게 만드는 데 가장 도통한 이들을 성노동자들이 신뢰할 수 있는가? 성노동자들이 이미 무료로 접근할 수 있는 서비스에 그들을 연결해주겠다고 생색내며 나서는 짓은 제쳐두고라도 말이다. 성노동자들에게 다가가는 데 경찰보다 나은 이들이 있다는 상상을 해보는 것이 그처럼 불가능한 일인가? 법집행을 단속자와 성노동자들의 고용주 사이의 중재로 보는 일에 너무나 익숙해진 나머지 이들 없이는 성매매를 상상할 수조차 없게 된 것인가?

우리가 성노동자를 그 혹은 그녀의 일로만 보거나 통제해야 하는 대상으로만 볼 때 우리 또한 경찰의 눈을 갖게 된다. 그것은 교도소의 눈일 뿐만 아니라 성적인 눈이다. 성노동자가 항상 일하고 있다면, 항상 서비스를 제공하는 상태에 있다면, (이런 눈으로 보는) 그녀는 (거의 항상) 본질적으로 성적이다. 그것은 호텔방에 설치된 감시카메라의 눈 혹은 우리 이웃, 공동체 성원, 경찰에 적용된다. 심지어 성노동자들에게 가장 호의적으로 보이는 소위 '사회복귀' 프로그램도 성노동자들을 나머지 인구로부터 격리하도록 설계되어 있다. 그곳은 쉼터라 불리지만 문은 잠겨 있고 전화는 감시당하며 손님의 방문조차 허용되지 않는다. 우리가 도움이랍시고 이런 것들을 구축할 때 우리의 시각은 감옥을 짓고 그 감옥에 범죄자들을 채울 때의 시각과 동일한 것이다. 그것은 동정이 아니다. 자선도 아니다. 그것은 통제다.

우리가 성노동자들을 이렇게 바라보면 그들이 항상 단속당할 수밖에 없는 조건을 만들게 된다. '범죄화'는 단지 책에만 나오는 것이 아니다. 그것은 세상에 존재하고 행동하고 관계를 형성하는 양식이며 당신을 위해 그들의 앞날을 미리 결정해두는 방식이다. 이것이 왜 우리가 성노동자를 완전히 통제할 수 있는 대상으로 여기는 고객을 악마로 보는지, 왜 성노동자들이 맞닥뜨릴 수 있는 현실적인 폭력을 개별 남성의 책임으로 두어야 한다고 주장하는지, 왜 모든 성노동자가 '아니오'라고 쉽게 말할 수 없는 위치에 있다고 생각하는지를 보여주는 이유들이다. 우리에게는 우리가 상상해온 성매매와 어떻게 통제를 통하지 **않은** 다른 방식으로 관계 맺을지 이해할 수 있는 방법이 없다.

통제에 대한 이 같은 집착은 성노동의 비밀스러운 특성만큼이나 성노동에 대한 우리의 시각을 한정한다. 나는 이 제약을 제거하고 싶고,

지금까지 상상되어온 것을 넘어서고 싶다. 다음에 나올 내용은 상상 너머의 어떤 새로운 현실에 대한 약속은 아니지만 지금까지 이뤄져온 집요한 상상의 내용을 찬찬히 짚어보면서 그것의 끝이 어디일지를 살펴보는 작업이다.

2장_ 매춘인

나는 나체의 매춘부를
나체의 다른 여자와는 구분해줄 것을 요구한다.
—도미니크 스트라우스-칸Dominique Strauss-Kahn의 변호인,
앙리 르클레르Henri Leclerc, 2011

성판매를 통제하는 일은 우리가 상상하는 것만큼 시간을 초월하지 않는다. 상업적 성—일종의 관행이자 산업으로서의 상업적 성—과 그 안에 있는 사람들의 계급은 계속해서 재발명된다. '항문 성교자들'과 '타락한 여자들'같이 위험한 특징들에 우리가 붙이는 이름은 시간에 따라 변화해왔지만 감금과 같이 우리가 성적 일탈이라고 여기는 것을 처벌하는 방식은 지속되어왔다. 어떤 이들은 19세기 말에 불가촉천민 계급과 같았던 창녀들이 이제 매매춘의 희생자로 여겨지면서 이런 위험이 없어지기 시작했다고 말한다. 1970년대 중반 이후, '매매춘'은 '성노동'에 자리를 양보하기 시작했다. 성노동도 노동이라는 주장을 이해하려면 이것이 하나의 존재상태에서 일종의 노동형식으로 전환한 과정을 이해해야만 한다. 이것이 어떤 과정을 거쳐 진행되었는지, 어떤 목적이 있는 것인지, 누가 이를 추동했는지, 누가 이에 반대했는지, 누가 이로부터 이득을 얻는지에 대해 이해해야 한다는 말이다. 매매춘과 성노동의 가장 중요한 차이는 직접 성노동을 하는 사람들이 성노동이라는 명칭을 발명했다는 점이다.

이것이 내가 매춘에 대한 일반인의 생각에 별 관심을 갖지 않는 이유다. 매춘은 사실상 존재하지 않는다. "세상에서 가장 오래된 직업"을 가진 이라는 명예에 반해 우리가 '매춘부'라고 부르는 사람은 이미 오랫동안 우리 주위에 실존하지 않았다. 그 말이 쓰여온 시간은 오래되지 않는데 처음에 그 말은 정체성을 가리키는 것이 아니었다. 19세기 영어에서 **매춘**prostitute이라는 말이 처음 등장했을 때 그 말은 **매춘하기**라는 동사였고 '돈벌이로 판매하기 위해 무엇인가를 진열해놓는다'는 뜻을 가진 것이었다.

창녀whore라는 말은 역사가 더 오래되었다. 고古영어가 아니면 고독일어로서 그다지 알려져 있지는 않은 어떤 어원에서 비롯되었을 텐데 그 시작은 기원전 12세기경으로 거슬러 올라간다. 이 말이 발명되기 전에도 이미 셀 수 없이 많은 사람이 살고 있었고 이들의 활동이 다종다양했음에도 후대의 역사가들은 **창녀**라는 하나의 용어로 축소시켰다. 제임스 왕의 생각과는 반대로 바빌론에는 창녀가 없었고 폼페이에는 매춘부가 없었다. 구암스테르담에서든 신암스테르담에서든 홍등가에서는 누구도 일하지 않았다. 그들이 그렇게 이름 붙여진 19세기 말이 되기까지는 말이다.

매춘부라는 인격체가 만들어진 시기는 바로 19세기였다. 매춘부는 매매춘이라고 알려져 있지만 사실은 그보다 훨씬 광범위한 것에서 탄생한 제도의 산물이며 우리는 그 점을 곧 알게 될 것이다. 인류학자 로라 오거스틴Laura Agustin은 『주변부의 성Sex at the Margins』에서 이 시기 이전에 대해 다음과 같이 말한다.

성적 서비스 판매를 특정해 일컫는 용어나 개념은 없었다. …… '창녀짓 whoring'은 혼인관계 밖에서 이뤄지는 성적 관계를 일컫는 것이었고, 돈은 개입되지 않은 부도덕함 혹은 성적 문란을 내포하는 말이었다. '창녀'라는 용어는 어떤 여성이든 당대에 존중받을 만하다고 여겨지는 경계를 벗어날 때 그 여성에게 꼬리표를 붙이기 위해 쓰인 용어였다.

매춘부의 특성이 발명됨으로써 우리는 새로운 종류의 여성을 보는 동시에 새로운 종류의 남성인 동성애자의 발명을 보게 된다. 그러나 같은 성을 가진 사람들 사이의 성적 관계가 이 시기에 구성된 동성애자라는 정체성보다 먼저 존재했듯, 매춘부라는 정체성 역시 이미 상당히 오래된 일련의 성적 관습에 적용된 것이었다. 둘의 목적은 같은 선상에 있었는데, 즉 행동(그것이 얼마나 간헐적인 것인지는 상관없이)을 정체성으로 변형시킴으로써 일종의 인격체를 생산하는 것이었다. 바로 그때 오늘날 쉽게 상상되고 설명되고, 또한 쉽게 취급되고 법적으로 통제될 수 있는 하나의 계급표식이 만들어진 것이다. 이 계급은 완전히 그리고 절대적으로 손상되어 거의 복구가 불가능한 존재로 상상되기에 이

르렀고, 이로써 모두에게서 버림받고 이를 통해 소수의 고귀한 이들을 구제할 수 있는 존재라는 상상된 특징을 갖게 되었다.

매춘부와 동성애자 그리고 매춘부인 동시에 동성애자인 우리로서는 경악스럽게도 우리 모두가 여전히 그와 같은 시대를 살아가고 있는 게 현실이다. 19세기 말에 소도미sodomy라는 행위와 성판매가 만들어진 것이 아니라 소도미라는 범죄와 이를 행하는 범죄자 그리고 성판매라는 범죄와 이를 행하는 범죄자가 만들어졌다. 20세기 말에 급속히 퍼진 에이즈 공포는 매춘부와 동성애자에 대한 사회적·형사적 처벌로 이어졌다. 이 처벌은 동성애적 성행위를 한 **모든** 사람 혹은 성을 판매한 모든 사람을 대상으로 한 것이 아니었다. 그들 중에서도 가장 눈에 띄는 이들 그리고 다른 일탈행위와 가장 연관되어 있다고 추정되는 이들을 대상으로 한 것이었다.

1969년 6월의 어느 날 밤, 만약 그날 스톤월 여관에 있던 이들이 경찰의 체포협박에 저항해 경찰관에게 동전과 술병을 던졌던 거리 매춘street-hustling 중이던 복장전환인transvestites(그들 스스로 그렇게 불렀다)이 아니었다면 경찰의 습격은 없었을 것이라는 점을 기억해보자. 그러면 우리는 더욱 현명한 판단을 내릴 수 있을 것이다. 게이해방운동에서 여전히 가장 기념비적인 싸움으로 기억되는 이 투쟁— 오바마 대통령이 두 번째 취임사에서 언급한 덕에 민권운동의 역사에서 확실하고도 안전한 지위를 차지한 투쟁—을 이끌었던 여왕, 부치, 허슬러들◆은 지금도 스톤월 주변에서 경찰의 괴롭힘을 당할 가능성이 가장 높은 부류다.

우리—특히 성을 파는 사람들—는 이 시기로부터 여전히 온전하게 벗어나지 못했다. 나는 성노동이 발명되었던 해에 성노동이 발명된 나라에서 태어났다. 성노동 활동가이자 작가인 캐럴 레이Carol Leigh는 자신의 글 「성노동 발명하기Inventing Sex Work」에서 바로 그 '1978년'에 대해 다음과 같이 썼다.

나는 샌프란시스코에서 '포르노와 미디어에서 일어나는 폭력에 반대하는 여성들'이 조직한 대회에 참가했다. 이 대회는 샌프란시스코의 '성인 유흥가'인 북부 해변을 따라 안드레아 드워킨Andrea Dworkin과 함께 반포르노 행진을 하는 주말운동의 일부였다. 행진하는 동안 참가자들은 그 지역의 스트리퍼stripper들과 다른 성산업 노동자들에게 창피를 주며 그들을 괴롭혔다.

이런 행진은 그들이 대상으로 삼은 사람들이 그와 같은 시위를 주도

◆ '여왕queen'은 남성 동성애자들(게이 남성들) 중에서 소위 여성적인 이들을 일컫고, '부치butch'는 여성 동성애자들(레즈비언 여성들) 중에서 소위 남성적인 이들을 일컬으며, '허슬러hustler'는 특히 남성 고객을 대상으로 일하는 남성 성노동자들을 일컬을 때 쓰이는 용어로 이해할 수 있다.

했거나 적어도 요청했다고 믿는 이들에게는 페미니스트 활동으로 여겨질 수 있을 것이다. 그들은 자신들이 반대하는 노동자들에게 어쨌든 이 행진이 업소—그들의 직장—를 대상으로 한 단속과는 다른 것이라고 결론짓고 주장해야만 했다. 아니면 이 행진에 참가한 이들이—성노동자 당사자들보다 더—성노동자들에게 무엇이 나은지 잘 알고 있다고 말해야만 했다.

캐럴 레이는 매춘 여성으로서 자신이 이 대회에 참여함으로써 페미니즘 내부에 있다고 가정된 구분을 혼란스럽게 만들 수 있다는 점과 대회장에서 매매춘에 대한 논의가 이뤄질 때 매춘 여성 본인은 막상 그곳에 참여하지 못해 부재할 거라는 점을 알고 있었다. 이런 일은 당대의 주류 페미니즘 이론과 근본적으로 어긋나는 것이었다. 당대의 페미니즘은 페미니스트 정치가 여성들 자신의 경험에서 나온다고 주장했다. 그런데 어떤 여성들의 경험만이 그럴 수 있다고 인정되는 것인가? 대체로 백인, 시스젠더◆, 중산층, 이성애자들만의 공간인 그 대회장에 성거래업에 종사하는 여성들은 (드러나지 않기 때문에) 부재한다고

◆ cisgender: 트랜스젠더transgender가 성을 전환한 이들이라면 시스젠더는 성을 전환하지 않은 이들을 일컫는다. 이 용어는 성을 전환하지 않는 것을 정상이자 규범으로 전제하는 태도를 문제 삼고 정치화하는 트랜스젠더 정치학 용어다.

이미 전제되고, 그러면서도 (여성이라는 보편적인 계급의 일부로 존재하기 때문에) 그곳에 있는 여성들에 포함된다고 여겨지는 문제에 대해 성거래업에 종사하는 여성들이 가장 먼저 의문을 제시한 것은 아니었다.

성을 파는 사람들, 특히 성을 파는 여성들은 캐럴 레이의 참여가 입증하듯 그 대회장에 없었던 게 아니라 여성들이 성노동자들의 관심사를 공유하고 있다는 사실을 이해하지 못해 끊임없이 자행되는 배제의 정치를 목격한 증인들이다. 레이는 "나는 성매매 워크숍이 진행될 방을 찾았다"라고 글을 이어간다.

방에 들어가자 워크숍 제목이 쓰여 있는 용지가 보였다. 거기에는 "성을 이용하는 산업"이라는 문구가 쓰여 있었다. 그 용어는 즉각 내 눈에 박혔고 모욕감을 느끼게 했다. 이 교환에서 배우로서 그리고 교환 행위자로서 갖는 내 역할을 희미하게 만든 채 이런 식으로 나를 대상화하고, 그저 이용되는 어떤 것으로 묘사하는 여자들과 내가 어떻게 정치적으로 동등한 사람으로 함께 앉아 있을 수 있는가? 워크숍 초입부에 나는 워크숍의 제목을 "성노동 산업"으로 바꿔야 한다고 제안했다. 왜냐하면 그 제목이야말로 그 산업에서 여성들이 하는 일이 무엇인지를 제대로 보여주기 때문이다. 일반적으로 남성들은 서비스를 이용하고 여성들은 그 서비스를 제공한다. 내 기억으로는 그때 아무도 내 제안에 반대하지 않았다.

캐럴 레이는 자신이 혼자가 아니었다는 사실을 깨달았다. 캐럴은 "작가이자 배우인 또 한 명의 여성이 워크숍이 끝난 뒤 나에게 와서 자기는 10대 때부터 매춘을 했지만, 비난이 두려워 그것에 대해 논의해 볼 수 없었다고 말했어요"라며 그때를 회상했다.

제2물결 페미니즘◆의 자장 안에 있던 여성들이 헌신적인 여성(순수한 딸, 자기희생적인 아내)이라는 상을 없애기 위해 이와 같은 대회에 줄줄이 참여하면서도 불쌍한 매춘부라는 신화는 전적으로 폐기하기를 거부했다. 심지어 케이트 밀레트Kate Millett와 같은 '동정심 많은' 페미니스트들조차도 뉴욕에서 열렸던 여성 대회에 참여한 매춘 여성들에 대해 다소 동정적인 어조로 『매춘 소식The Prostitution Papers』에 글을 썼다. 그렇지만 역사가인 멀린다 샤토버트Melinda Chateauvert는 밀레트가 "사안을 제대로 보지 못했다"고 말한다. 밀레트는 "매춘인의 '문제'(밀레트는 그렇게 보았다)는 '매춘인의 자아 이미지를 근본적으로 새롭게 만듦으로써' 해결될 수 있고 매춘인은 페미니스트 의식화를 통해 갱생할 수 있다"고 보았던 것이다. 성노동자들에게는 이런 일을 자매들이 이끌어주

◆ 19세기 이후 여성들이 참정권을 획득하게 되기까지의 페미니즘 운동 시기를 제1물결 페미니즘, 1960년대 이후 성·노동·인종 등의 사안을 중심으로 이뤄진 운동을 제2물결 페미니즘으로 볼 수 있다.

지 않아도 스스로 할 수 있는 능력이 있고 그들의 요구는 '자아 이미지' 이상을 넘어설 것이라는 점은 상상할 수 없는 일이었던 것이다.

성노동의 정치학

성노동 이전에 이야기된 매춘부와 창녀에 대해 참조하지 않고서 성노동의 정치학에 대해 말하는 것은 불가능하다. 또한 이 용어들에 붙어 있는 특징이야말로 매춘부라는 상상물을 퍼뜨린 주범이다. 이 점은 성노동을 하는 사람들 모두가 여성은 아님에도 왜 성노동의 정치학이 끈덕지게도 여성문제라는 틀 안에서 논의되는지를 설명해준다. 남성들은 그저 포주나 고객으로 존재하거나 그게 아닌 경우에는 구매자—아마 성노동자들이 이 용어를 선호하기 때문에—로 존재한다. 이는 비교적 최근의 일인데 덜 문제적이라 여겨지는 것도 아니다. 성거래 안에 있는 여성들은 남성의 욕망이나 폭력의 대상으로서 상상되고 재현된다. 그리고 성거래 안에서 일하는 남성들이 같은 직종의 구성원으로 간주되는 경우는 드물다.

성을 파는 트랜스젠더 여성들은 미디어에서 매우 전형적으로 재현되며 성거래업에 있는 다른 여성들과 관계하는 호의에 찬 사회활동가들에게조차 잘 이해받지 못한다. 오랫동안 성산업 안에 비규범적 젠더가 있어왔고, 성산업은 다른 직종에서 차별에 직면한 이들에게 가장 의지할 만한 소득원이 되어왔다. 그렇지만 성거래 안에서 규범적 젠더를 따르지 않는 이들은 성노동 현장 밖에 있는 이들에게 거의 드러나지 않는다.

한편, 반성노동anti-sex work 페미니스트들은 어떤 여성도 성노동을 해서는 안 된다고 본다. 『트랜스섹슈얼 제국Transsexual Empire』의 저자 제니스 레이먼드Janice Raymond나 『산업화된 질Indusrtiral Vagina』의 저자 쉴라 제프리스Sheila Jeffreys 등과 같이 모든 형태의 성노동을 근절하고 싶어하는 많은 페미니스트는 실상 트랜스젠더 여성도 여성이라는 사실을 받아들이지 않는다. 그들은 성노동에 관여하고 있는 이들은 진짜 여성이 될 능력이 없다고 믿는 것 같다.

매춘인 또는 매매춘을 조사하려는 연구나 뉴스거리를 고려할 때 우리가 염두에 두어야 할 것은 이 용어들을 통해 묘사되는 많은 사람이 실상 스스로를 설명할 때는 이 용어들을 절대 쓰지 않는다는 점이다. 많은 연구자와 기자가 매춘 여성을 찾아 나설 때 자신이 가진 전형적인 편견에 잘 맞아떨어지는 대상을 찾는데, 이는 자신이 찾으려는 사람들은 바로 이들뿐이기 때문이다. 만약 이 전형에서 벗어나면 그것은 현실을 제대로 반영하지 못한 드물고 사소한 사례라고 여긴다.

오늘날에도 성노동자들이 일할 때 자신의 고객에게 자신을 성노동자라고 부르는 일은 흔하지 않다. 성노동은 정치적 정체성이다. 이 용어는 이전에 그들에게 부여되었던 정체성을 아직은 완전히 대체하지 않았다.

이 책에서 쓰고 있는 '성노동자'와 '성거래 종사자' 같은 용어는 성 또는 성적 서비스를 팔거나 거래하는 모든 사람을 더 잘 설명한다. '매춘인'은 기본적으로 역사적 사안과의 관련성 안에서 언급할 때 참조되는 용어로 보인다. 만약 내가 '성노동'이라는 말이 발명되기 전에 성거래업에 종사했던 사람에 대해 말하고 있다면 성노동이라는 용어를 쓸 일은 거의 없을 것이다. 현대적 맥락에서 만약 어떤 사람이 스스로를 매춘인이라고 부르거나 자신의 정치학을 반매매춘이라고 설명한다면 그때는 나도 '매춘인'과 '매매춘'이라는 용어를 쓸 것이다.

'성노동'이라는 용어는 마치 그 말이 생기기 전에 있던 용어들이 언급될 때와 마찬가지로, 정치적으로 균질하지 않게 쓰인다. 성노동자라는 말은 공중보건 관련 문헌에서 쓰이기도 하지만 예전부터 있어온 질병 공포의 새로운 버전이라고 할 수 있을 에이즈 시대에 매매춘이 그 병의 진원지라는 생각에 반대했던 이들도 종종 쓰곤 한다. 매독 등의 성병이 만연했던 질병 공황기에 사람들은 매춘인의 몸을 '질병 매개체' 이상으로 보지 않았다. 성노동자들이 직접 조직한 정치 네크워크

외부에서 '성노동'이라는 용어를 쓰는 경우는 적어도 언어 사용 자체만으로 본다면 에이즈의 세계에서 가장 빈번하지만 정책수립 과정에서나 기금모금 때는 다른 용어와 경쟁상태에 있기도 하다. 성노동이라는 용어는 지속적인 경합 속에서 생성·유통되고 있는 것이다.

성노동자들은 광고, 웹사이트, 사진, 동영상 등 자신들이 만든 문화적 생산물에서 가장 공적인 공간을 차지하고 있다. 이것은 성노동자들이 스스로의 이미지를 직접 만들어낸 것들인데, 그들이 가진 드러내고 싶은 욕구와 신중하고 싶은 욕구 양쪽 모두가 영향을 미친 것이다. 이것들은 노골적으로 검열하지는 않는 매체들에 한정되어 만들어진다. 이와 같은 광고물과 홍보물이 성노동자들을 온전히 재현한다는 생각은 잘못된 것이다. 그것들은 성노동자들의 일하는 시간 외의 삶에 대해 말하려고 만들어진 것이 아니기 때문이다.

이렇게 말한다고 해서 반성매매 사회개혁가들이 이런 광고물들을 성노동 현실을 보여주는 증거물로 삼으려는 것을 막지는 못한다. 그들은 이 같은 광고물들이 의도적으로 과대 포장되었다는 것을 이해하지 못하며 다른 종류의 매체에서 성노동이 소위 매력적인 일로 포장되는 것에 대해서도 우려한다[반성매매 활동가들은 영화 〈프리티 우먼Pretty Women〉, 텔레비전 프로그램 〈콜걸의 비밀일기Secret Diary of a Call Girl〉, 힙합의 소위 '포주 문화pimp culture' 등이 잠재적인 성노동자들에게 성노동이 매력적으로 보이게끔 만들고 있다고 비난하지만 노동시장, 교육과 의료의 사유화(민영화), 부채문제 등 성노동에 실제로 책임이 있는 것들은 언급하지 않는다]. 대중문화에서 성매매가 어떻게 그려지고 있는지만을 강조하는 것은 성노동에 반대하는 이들이 재현만을 문제 삼고 그 안에서만 싸우도록 만든다.

그 싸움은 길지 않을 것 같았다. 1970년대 초반, 미국에서는 상업적 성이 도시생활과 관광의 일부로 점점 더 떠오르는 가운데 매춘을 동정 어린 시선으로 그린 이미지들이 주류 문화로 편입되었다. 제인 폰다Jane Fonda가 〈클루트Klute〉에서 보헤미안적이고 독립적인 콜걸 역할로 오스카상을 거머쥔 해가 바로 1971년이었으며, 그 이듬해에는 매매춘 현장에서 직접 경험한 내용을 담은 책인 『행복한 갈보The Happy Hooker』가 『뉴욕타임스』에 그해의 베스트셀러로 소개되었다. 또한 1970년대가 시작되면서 '외설'에 대한 금기를 느슨하게 만드는 법원 판결이 이어졌고 보스턴과 디트로이트 같은 도시에서는 성인 유흥산업을 합법화하려는 시도가 미국에서 최초로 시도되기도 했다. 당시 전 세계에서 가장 영화적인 홍등가였던 타임스스퀘어Times Square도 그곳을 유명하게 만든 판매상이나 거리의 여자들을 완전히 쫓아내지는 못했다.

그 시기는 또 근대 성노동자 권리운동의 탄생기로 인식된다. 1973년 미국의 활동가였던 마고 제임스Margo St. James가 최초의 매춘인 권리단체인 '코요테COYOTE'◆를 설립해 성매매 범죄화 반대운동을 진행했다.

1975년에는 100여 명이 넘는 매춘인들이 프랑스 리옹에 있는 한 교회를 점거해 경찰의 탄압에 저항하면서 동료들에 대한 구속처벌이 취소되지 않으면 교회에서 나가지 않겠다고 선언하기도 했다. 당시에 매춘인 권리운동으로 불리던 이 운동의 바탕에 성적 자유에 대한 요구가 깔려 있었을 수도 있다. 그렇더라도 매춘인 권리운동이 더욱 직접적으로 요구했던 것은 경찰의 폭력에서 벗어나는 것이었다.

캐럴 레이가 만든 성노동자라는 용어에 토대를 깐 것이 바로 이 조직들이었으며, '성노동'이라는 용어는 이 조직들의 활동가 네트워크와 연대단체들을 통해 더 자주 쓰이게 되었다. 21세기가 시작되고 첫 10년 동안 유엔 사무총장 반기문과 유엔 내의 여러 조직이 성노동 범죄화에 반대해왔다. 여기에는 'HIV 관련 법률에 관한 세계위원회Global Commission on HIV and the Law'도 포함되어 있는데, 이 위원회는 독립위원회인 HIV/에이즈 유엔협력 프로그램을 위해 유엔개발계획UNDP이 만든 것이다. '국제노동기구ILO'는 성노동을 노동으로 인정하고 성노동자들에 대한 강제적 HIV 테스트에 반대하며 성노동 범죄화를 노동권 침해로 여겨 이에 반대한다. '인권감시단' 또한 성노동 비범죄화를 권고

◆ Call Off Your Old Tired Ethics: "당신들의 구닥다리 도덕일랑은 집어치워라!"

하고 있다. '세계보건기구WHO'도 "모든 나라가 성노동 비범죄화를 향해 나아가야 하며 성노동자들에 대해 비형법적 법과 규제를 부당하게 적용하는 행태를 근절해야 한다"고 권고했다.

이 모든 현실이 성노동자들이 점점 가시화되면서 그들의 삶이 계속해서 향상되어왔다고 말해주는 것은 아니다. 이 권고들이 어떤 투쟁도 없이 채택되었다거나 (만약 채택되었다고 해도) 성노동을 노동으로 보는 새로운 시각이 매매춘이라는 사회적 현상의 종말을 알리는 거라고 말하고 있는 것도 아니다.

성노동이 발명된 이래 40년이 채 지나지 않은 가운데 심지어 성거래를 하고 있는 사람들도 직접 자신들의 이미지 생산에 참여하게 되면서 열광적인 대중은 새로운 충족 수단을 찾게 되었다. 성노동자들이 일하고 말하기 위한 공적 공간을 더 많이 갖게 되면서 그 각각의 기회는 상상되어온 그들의 역할과는 정반대의 모습을 등장시켰다. 많은 사람에게 매춘은 여전히 밖을 보는 문구멍 저 끝에 있는 어떤 것─혹은 수갑행─이다. 앤 매클린톡Anne McClintock이 1992년에 자신의 에세이 「체계 망치기Screwing the System」에서 살펴보았듯, "더 많은 매춘인이 대중에게 자신의 행동에 대해 말하도록 강제받을수록 더욱더 스스로를 범죄자로 만들게 된다." 매춘인 체포는 실제 성행위 현장에서만 가능한 것이 아니라(그렇다고 이것이 경찰로 하여금 직접 성행위를 시도해보려는 행위를 막지는 않는다) 매매춘을 목적으로 한 대화만으로도 가능하다. 성노동자들의 말이 그들의 삶 전체가 범죄가 되는 곳에서 이뤄진다면 어떻게 그 말이 "우리의 이야기를 공유하고 드러내서" 사람들로 하여금 성노동자들의 삶에 공감하도록 만들 수 있을까?

매클린톡은 이것이 법정에서 일어나는 특정 처우뿐만이 아니라 성노동자들의 삶에 대한 그들의 증언을 유인해내는 핵심이라고 주장한다. "대중 앞에서 말할 수 없는 것을 말하도록 명령함으로써…… 더러운 사진, 카메라에 찍힌 증거, 자백, 제시물 등을 강박적으로 전시하면서 진행되는 매매춘 재판 자체가 그것이 고립시키고 처벌하려고 하는 물성애fetishism를 중심으로 구조화되어 있다"는 것이다. 성노동자는 자신이 외부자라는 것과 몸을 파는 범죄자라는 현실을 인지해야 하는 동시에 자신의 이야기를 중계할 것을 요구받으면서 자신이 일터에서 접하는 것보다 더 광범위한 대중에게 성을 파는 일을 반복해야 한다는 사실을 직시하게 된다.

성노동자들은 이전과 비할 수 없이 더 많은 곳에서 자신이 하는 일의 성격과 생활에 대해 증언하라고 요구받는다. 비밀스러운 일기나 케이블 텔레비전 프로그램 또는 사회복지사나 심리상담사, 사회복귀 수업에 함께 참여하는 사람들에게서 말이다. 시비에 휘말려 대중의 관심거리가 될 경우나 잡지책 헤드라인에라도 오르게 되면 잡지사로부터도 그런 요구를 받는다. 이런 영역에서 자신의 인생 이야기를 공유하는 것이 자신을 위한 일이 되는 경우는 거의 드물다. 성노동자는 보이지 않는 주인에게 이윤을 만들어주기 위해 거기에 있게 되는 것이다.

성노동이 노동으로 인정받고 성노동자에 대한 전형적인 이미지를 타파하는 대안적 이미지를 만드는 일에 그동안 큰 진전도 있었다. 하지만 성노동자들에게 죄책감을 드러내거나 자신의 결백을 증명하기 위해 성노동자들에게 말할 것을 요구하는 일은 왜 실제의 매매춘과 상상된 매매춘 모두가 여전히 사회적 통제대상으로 남게 되었는지를 잘 보여준다. 나아가 이는 왜 성노동자가 호기심의 대상이면서 여전히 법적 단속대상이나 자선단체의 관심대상으로만 이해되는지도 잘 보여준다. 법적 단속현장, 자선단체 등과 같은 곳들이야말로 매춘인이 가장 많이 발견되는 장소이자 그녀들을 '구제'한다면서 그녀들을 체포해 그녀들이 있어야 할 곳이라며 데려가는 장소다.

3장_ 일

'매춘'은 문학적인 것과
은유적인 것 사이를 가로지르면서
다른 형상물은 거의 하지 못하는 방식으로
작동하게 되었다.

— 줄리아 브라이언 윌슨Julia Bryan-Wilson, 예술사학자, 2012

나와 최초로 매매춘에 대해 이야기를 나누었던 여자가 나중에 체포되었다.

내가 물었다. "처음 일 시작했을 때 겁났어요?"

그녀는 우리 집 부엌 싱크대 앞에 서서 빵에 버터를 바르고 있었다. 우리는 오래전에는 하인들이 쓰던 공간이었고 이제는 내 방이 된 곳으로 이어진 계단 아래 놓인 식탁에 나란히 앉아 있었다. 나는 무엇보다 먼저 다음과 같이 물어야 한다는 것을 알지 못했다. 그녀에게 내가 물어봐도 되는지? 그녀가 내게 그 이야기를 하고 싶은지? 그녀가 내게 그 이야기를 해야 하는지? 혹시 그녀는 내가 너무 잘나서 그녀의 일을 할 수 없으리라 생각하고 있다고 여기는 것은 아닌지? 내가 묻고 있다는 것이, 내가 모른다는 것이, 내가 물어봐야만 한다는 바로 그 사실이 곧 그 일이 내 삶의 일부가 아니라는 것을 뜻하지는 않는지? 내가 그저 그녀의 고객들처럼 멍청한 질문이나 하면서 그녀의 시간을 낭비하게 만들고 있는 것은 아닌지?

그녀는 나를 잘 견뎌주었다. 그래야만 할 이유가 없음에도 말이다.

그녀가 말했다. 그 남자들은 광고에 나와 있는 휴대전화번호로 전화를 한다. 모텔이나 호텔에서 만나기도 하지만 자신의 집으로 초대하는 남자들도 있다. 집에 있는 우편물이나 가족사진을 보게 될 수도 있는데 말이다. 얼마나 많은 남자가 그러는 것이 위험할 수도 있다는 생각을 하지 않는지, 심지어 낯선 여자들에게 둘러싸여 있을 때조차도 거의 항상 안전하다고 여기는지 그녀는 정말 놀랍기만 하다고 말했다. 더구나 그 남자가 경찰이라면 그녀가 그의 삶에 대해 무엇이든 알게 되었다는 사실이 오히려 그녀를 훨씬 더 위험한 상황에 처하게 만들 수도 있다.

그녀는 이 이야기를 할 수 있는 사람이 얼마나 없다고 생각했을까? 그녀에게 질문을 하면서 나는 얼마나 수없이 그것이 유효한 질문인지를 물었던가? 우리는 여자들이 태생적으로든 또 다른 이유로든 스스로를 창녀라고 생각하는 이들로부터는 어떤 얘기도 듣고 싶어하지 않거나 들을 필요를 느끼지 않을 거라는 말을 들으며 살아왔다.

나는 이제 내가 막 주의를 기울여야 할 대상이라고 배우게 된 고객들에게 믿을 만한 존재일까? 만일 내가 그들을 만난다면 그 남자들은 누구이며 나는 그들에게 어떤 사람일까? 성노동을 하기에 내가 과연 충분한 자질을 가진 것일까?

나는 그녀에게 고객과 있는 동안 무엇을 하는지 물었다. 어떻게 호출전화를 받고, 고객에게서 돈을 받고, 행동에 옮기고, 집으로 돌아오는지를 말이다. 돈이 등장하지 않은 상태에서 내가 수없이 반복했을 이 상황이 왜 그때는 즉각 이해되지 않았던 것일까? 그건 오로지 그것이 내게 불명료했기 때문이었다. 우리가 그것에 대해 무지하고 또 우리가 의존하기를 바라는 남자들에 의해 유지되고 있는 성이라는 영역에서 일어나는 다른 수많은 여성적 미스터리와 마찬가지로.

그들과 나 사이, 매춘인과 다른 모든 여성 사이에 구분이 만들어졌고, 결과적으로 그것은 그처럼 핵심적이고 중요한 정보들이 전달되지 못하도록 만들었다. 성노동이 아니라 바로 그 정체停滯가 우리를 서로 분리해왔고 불필요하게 고통받게 만든 것이다. 나는 이제 모든 이가 성노동이 어떤 것인지, 성노동자들이 어떤 선택을 했는지, 어떤 힘을 가지고 있는지, 필요한 것을 얻기 위해 왜 노골적으로 성을 거래해야 하는 상황에 처하게 되었는지를 알기 바란다.

내가 대학 다닐 때 매년 봄이면 일종의 인공임신중절법으로 활용될 수 있는 월경혈 추출을 집에서 하는 방법을 알려주는 워크숍이 학교 안에서 열렸던 것을 기억한다. 부제는 없었다. 그 정보는 미국에서 임신중절이 다시 범죄가 될 경우를 대비해 공유되었다. [만약 당신이 그 정보를 알고 있다면] 당신은 그때 배운 방법을 써먹어야만 하는 때가 오기를 원한 적이 한 번이라도 있었던가? 대체로 그렇지 않았을 것이다. 그 정보를 알고 있다는 것이 수치스러웠는가? 그러지는 않아야 할 것이다.

최근에 나는 어떻게 매춘인이 되는지, 그에 관한 정보가 있는지를 묻는 이메일을 받았다. 그 글을 쓴 사람은 내가 쓴 글들을 좋아하기는 하지만 어떻게 성노동을 하는지에 대한 '101'가지 정보로서는 적절하지 않았다고 말했다. 그 말은 사실이었지만 그렇다고 내 글을 읽은 사람들이 거기서 쓸 만한 조언을 찾으려 들지 않았다고 말할 수는 없다. 그것이 성노동을 하기 몇 년 전에 매매춘이나 스트립쇼에 대한 책을 발견할 때마다 바로 내가 했던 것, 즉 책의 내용을 그것을 실제로 해보는 방법에 대한 것으로 바꿔 읽는 기술이었다. 당연히 이는 많은 사람이 이런 유의 정보를 공유하기 위해 인터넷을 쓰기 전의 일이며, 성노동자들이 블로그를 운영하기 전의 일이다(비록 성노동자들이 유스넷Usenet에서 단체 이메일과 게시판을 쓰기 시작한 것보다 그렇게 훨씬 전은 아니지만).

자신들끼리 정보를 교환하는 능력은 고객과의 협상, 안전해 보이지 않을 때의 거절, 저임금 또는 하고 싶지 않은 일 등을 처리하는 경우에 모든 성노동자에게 필수적이다. 이것은 어떤 직업에서도 마찬가지다. 그러나 우리 일에서 이 점이 특히 중요한 까닭, 또 내가 그런 이메일을 받을 때 뒤통수를 얻어맞은 듯 당황한 까닭은 생명줄과 같은 이 정보를 공유하는 것이 범죄행위로 여겨질 수 있기 때문이다. 미국에서 성을 파는 것은 경범죄지만 어떻게 성을 팔 수 있는지에 대해 정보를 공유하는 것은 그보다 더 심각한 범법행위로 간주된다.

성노동자들에게는 진실한 정보를 심지어 익명으로 공유하는 것조차 사회적·정치적·정서적 위험을 감수해야 하는 일이다. 합법적인 형태의 성노동에서조차―미국에서는 포르노와 스트립쇼가 이에 포함될 수 있다―비밀주의는 낙인과 수치심을 강화하고 자신이 하는 일에 대한 성노동자들의 통제력을 저하시킬 수 있다. 성노동자들이 단순히 자신을 숨기고 있는 것이 아니라 '이중생활'을 하고 있다는 수사는 성노동자들이 **왜** 자신의 일을 감춰야 하는지에 대한 이유를 불명료하게 만든다. 성노동에 대한 이 모든 조심성은 법적 위험부담과 사회적 배제를 관리하기 위한 전략들이며 심리치료사나 성직자의 신중함과 같은 것이지 누군가를 속이려는 것인 양 여겨져서는 안 된다. 그러나 이 신중함은 성노동에 가해지는 낙인과 규제의 무게 아래 뒤틀려져 노동자들은 자신이 무엇을 말할 수 있는지, 누구에게 말할 수 있는지, 자신들이 의도하지 않은 미지의 결과를 직면하지 않아도 되는지 등에 대해 확신을 갖지 못한다.

'워싱턴 마담'으로 알려진 데보라 진 팰프리Deborah Jeanne Palfrey를 기억하는가? 21세기가 시작된 후 첫 10년 동안 그녀가 관계한 에스코트 고객 중에는 '가족가치'를 주장하던 루이지애나의 공화당 국회의원이자 에이즈의 황제가 되었을 친금욕주의자, 데이비드 비터David Vitter가 있었다. 데보라 진이 자금세탁과 밀수혐의로 고발되어 자산을 압류당

할 때 그녀가 가지고 있던 것들 중에서 가장 팔릴 만한 가치가 있었던 자산은 바로 고객 명단이었다. 2007년 나는 인터넷에서 그 명단 중 한 페이지를 발견했는데, 그것은 전화번호와 그 번호의 지역명이 기입되어 있는 전화요금 청구서였다. 거기서·유일하게 수정되지 않은 채 적혀 있는 번호는 그 페이지 맨 아래에 있던 것으로 바로 그녀 자신의 번호였다. 일을 하지 않는 한 그 고객 명단은 아무런 가치도 없는 자산이었다.

나는 데보라 진에게 전화를 걸었다. 메모는 하지 않았지만 내가 당시를 정확히 기억하고 있다면, 그녀는 그 명단을 잘 조사해 가장 고위급 고객들을 찾아낼 수 있는 미디어에 팔 생각을 하고 있었다. 나도 그 내용을 좀 알아내려고 했던 것 같다. 나는 그때 '미국 성노동자 현장 지원 프로젝트Sex Workers Outreach Project-USA'의 공동 설립자인 스테이시 스윔Stacey Swimme과 함께 블로그를 막 개설한 참이었고, 우리는 데보라 진의 사례를 강박적으로 주시하고 있었다. ABC가 결국 그 목록을 입수했고 특별 밤 프로그램으로 편성해 과장보도를 했지만, 결국은 그 목록에서 별다른 의미 있는 이름을 찾지 못했다고 결론지었다(여기에 또 하나의 이름 할란 울만Harlan Ullman이 나오는데, 이 남자는 부시 행정부 당시인 2003년 이라크 침략 때 이용된 충격 및 공포 정책을 설계한 사람으로 알려져 있다). 그 후에도 매매춘에 대한 '진짜 이야기'를 보여주겠다는 약속과 함께

쇼는 중단되지 않았다. ABC는 심지어 우리에게도 전화를 걸어 데보라 진이 선호했던 것처럼 '고전적이고' '교육받은'(말하자면 전통적으로 매력적이라 여겨질 만한 백인) 에스코트를 제공해줄 수 있는지 물어왔다. 스테이시와 나는 예약자들의 전화에 돌아가면서 응답했고 둘 중 하나는 블로그를 운영했으며 나머지는 에스코트를 했지만, 사실상 각자 두 가지 역할을 다 하고 있었다. 우리는 그 예약자들이 어떤 각도에서 어떤 이야기를 얼마나 들려주었는지에 관해 각자가 적은 메모를 함께 비교했다. 한 예약자는 자신이 운영하는 블로그가 에스코트들을 대상화하지 않으면서 에스코트의 '진짜 세계'를 보여준다고 말했다. 그는 에스코트업소로 전화를 걸어 사전 인터뷰를 위해 가능한 한 당장 스타벅스에서 우리와 만날 수 있는지를 물어왔다. 우리는 그 제안을 거절했고 대신 그 이야기를 우리가 운영하는 블로그에 공유했다.

데보라 진의 에스코트업에는 언론에서 계속 다뤄지는 만큼이나 우리의 관심을 끄는 무엇이 있었다. 보도에 따르면 데보라 진은 자신이 고용한 이들에게 계약서 작성을 요구했으며, 계약서에는 고객들과 성관계를 갖지 않겠다는 서약이 명시되어 있었다고 한다. 에스코트, 마사지사 또는 무용수가 고객이 있는 곳까지 찾아가 방문 서비스를 제공하는 대행업이 흔하지 않은 것은 아니다. 그러나 그 계약서는 합법적인 눈가리개, 업주가 법적 책임을 면하고 그 책임을 노동자에게 전가하려는 계책이다. 있을 법한 가상의 일에 대해 계속해서 이야기하는 것은—그것이 아무리 합리화가 가능하고 매춘죄로 지목될 때 필요하다 하더라도—이 직업이 갖는 실제 내용에 대해 이야기할 기회와 이 직업의 진짜 세계로 가는 문을 닫아버리는 짓이다. 계약서를 통해 알 수 있듯이 당신이 성행위를 하지 않는다면 왜 경영자가 성행위에 대한 협상이 일의 일부임을 인정할 필요가 있겠는가? 어떻게 자신이 고용한 노동자들이 콘돔이나 윤활유가 필요하다고 할 때 그들의 건강과 안전을 거론할 수 있겠는가? 고용주들이 이 일이 전적으로 합법이라고 주장하는 동안 노동자들이 함정수사에 걸렸을 때 어떻게 이 노동자들에게 법적 지원을 제공할 수 있겠는가?

범죄의 맥락이 요구하는 것은 성노동이 아니라 갖가지 위험을 만들어내는 이런 종류의 만들어진 이야기들이다. 샌프란시스코나 워싱턴과 같은 몇몇 도시에서 콘돔을 매매춘 증거물로 제시하는 일이 없어진 것은 겨우 2012년의 일이다. 그리고 이는 성노동자, 공중보건 활동가, 인권운동가들이 상당한 압력을 가한 후에야 이뤄진 일이다. 뉴욕에서는 콘돔을 매매춘 증거물로 악용하는 관행이 너무나 일상적이어서 체포 시 의심이 가는 성노동자들로부터 압수한 콘돔의 개수를 기록하기 위해 경찰이 보충증언을 써넣는 양식이 있을 정도다. 이는 법집행이 만들어낸 비극이다. 여성(매춘인 대부분이 여성이라고 이해되므로)에 대한 폭력에 맞설 도구여야 할 법적 감시가 스스로를 방어할 힘이 더 약한 여성들에게 오히려 폭력을 가하는 체계의 비극인 것이다. 성노동자들은 체포되지 않기 위해 현장지원 활동가들이나 동료에게서조차 콘돔을 받지 않는다. 성노동자들이 심지어 자기들끼리도 경험을 공유하려 하지 않는 이유는 자아존중감이 낮아서가 아니라 이런 위험 때문이다.

다른 위험도 있다. 성노동에 대해 이야기할 때면 너무나 자주 그 이야기가 일종의 스트립쇼가 되어 결과적으로 이야기하는 행위 자체가 성노동과 구별하기 어려워진다. 연민이나 호기심으로 둔갑한 청중의 욕구를 만족시킬 만한 무엇인가를 폭로하는 이야기를 만들어내야 한다는 압박이 있기 때문이다. 전통적인 스트립쇼의 전형적인 과정을 보면 성노동자가 첫 노래가 나올 때 도발적인 춤을 추고, 두 번째 노래가 끝날 때면 윗옷을 벗으며, 세 번째 노래가 나오는 동안 아랫도리를 벗는다. 그들은 무대 밖에서도 자신의 이야기가 어떻게 받아들여질지 이미 각본이 있다는 것을 알고 있다. 종종 그녀는 자신의 삶에 대한 진짜 이야기를 할 능력이 없으며, 따라서 번역자나 통역자가 필요하다는 비난을 받는다. 그러나 그것은 그녀가 결코 스스로 선택한 적이 없는 편협한 역할—처녀, 불행한 희생자 혹은 창녀 역할—에 자신의 이야기를 끼워 맞추기를 거부하기 때문이지 다른 이유가 있는 것이 아니다.

대중은 성노동자를 그들의 섹슈얼리티와 관련해, 또는 좀더 정확히 말하자면 일하지 않는 동안에 이어지거나 이어지지 않을지 모를 그들의 성생활과 관련해 생각하는 것에 너무도 익숙하다. 대중은 이를 쇼로 인식하지 않을 수도 있고 혹은 그것을 가짜로 치부하면서 맹목적으로 숭배할 수도 있다. 성노동자가 진실을 이야기하는 용감한 사람으로 받아들여지든 비열한 거짓말쟁이로 받아들여지든 상관없이 성노동자의 사생활을 관망하는 대중은 그들의 사생활이 에로틱할 것이라고 전제하고 기대한다. 따라서 성노동자들은 이처럼 보상받지도 못할 에로틱한 경험을 선사해주는 것에 대해 일정한 보상을 받기 위해서라도 대중에게 이야기하는 내용을 조정하게 된다.

이것은 훔쳐보기 쇼가 아니다. 따라서 나는, 예를 들어 여기서 내가 하는 이야기에 이르게 된 것이 성노동자로서의 내 경험과 떼어놓을 수 없더라도 나 자신의 이야기를 하지는 않을 것이다. 여기서 내가 할 일은 독자를 야릇한 상상으로 흥분시키는 것이 아니라 생각을 교환하는 것이고 동시에 내가 이 게임에서 잃을 것이 있다는 사실을 전적으로 간과하지 않으면서 그 이야기를 하는 것이다.

나 자신에 대해 이처럼 선택적 침묵을 지키는 것은 일시적이면서 궁극적으로는 불충분한 저항방식이다. 내가 내 이야기를 합법적으로 나눌 수 있을 때까지, 그리고 여전히 성노동을 할 나와 다른 이들에게 경제적 상황이 좋아질 때까지, 혹은 그때가 올 수 있게 만들 때까지 내가 택할 전술인 것이다. 그때가 오기를 기다리는 동안 그리고 또 그만큼 중요하기 때문에 나는 성노동자들에게 향해 있는 당신의 시선을 성노동을 근절하거나 통제하거나 이익을 얻으려는 이들이 강박적으로 매달리는 매춘에 대한 상상 쪽으로 옮겨놓고자 한다.

성노동자들에게 물어봐야 한다고 배운 몇몇 질문에 대해서는 침묵하겠다는 나의 정치적 선택의 결과, 이 책에서 내가 하는 이야기에는 생략된 것이 매우 많다. 그래서 나는 이 책을 읽는 사람들이 이 책에는 들을 이야기가 거의 없다고 생각할까봐 우려스럽다. 그렇지만 심문할 수 있는 특혜받은 위치를 포기하는 것은 오히려 '창녀란 어떤 사람이다'라는 생각으로 점철된 모든 영역을 폭로하는 일이 될 것이다. 우리가 놓치는 것이 무엇일지 두려워하는 대신 나는 해오던 대로 계속 해볼 작정이다.

4장_ 논쟁

먼저 의식을 깨우쳐야 한다고 주장하는 이들은
성노동자들의 현실적 삶에 대해
그들 스스로 직접 말할 수 있는 기회를 제한하는
사회질서뿐만 아니라 그들의 삶에 대해
야단스럽고 자세하게 묘사하고 싶어하는
욕망에 의존하게 된다.
이런 요소들이 모두 논쟁과 논쟁 결과물에 대한
수요를 부채질한다.

성노동에 대한 논쟁은 상대가 얼마나 차분하고 이해심이 많은지와 무관하게 볼 만하다. 그 논쟁은 청중을 첫째, 위기—**매춘이 온 나라를 휩쓸고 있다**—라는 미끼와 둘째, 그렇게 되는 것은 무척이나 기분 나쁜 일이라는 느낌을 갖는 것 자체가 이미 옳은 일을 하는 것이라는 생각으로 이끈다. 성노동에 관한 슬픈 이야기들은 반짝이는 단추처럼 제공되어 감탄을 자아내고 그 숫자가 충분해지면 곧 무대 밖으로 쓸려나간다. 행사 기획자들은 접대용으로 내보일 만한 창녀를 초대해 쇼를 선보일지도 모른다.

그렇다면 이런 질문을 할 수 있다.

- 매매춘은 여성에 대한 폭력인가?
- 매춘인은 '착취당하는가?' 아니면 '힘을 얻는가?'
- 여성들(항상 여성들이며 대체로 트랜스젠더 여성들이 아닌 여성들)로 하여금 매춘을 하도록 만드는 혹은 강제하는 요소들은 무엇인가?
- '남성들' / '존들' / '수요'를 어떻게 볼 것인가?
- 여성들이 매춘에서 '탈출하거나' / '빠져나오거나' / '떠나'도록 그들을 어

떻게 도울 수 있는가?

- 어떻게 '이 사안'에 대한 '사회적 인식을 확산'시킬 수 있는가?

논쟁에 거의 등장하지 않는 질문들도 있어서 성노동자들이 스스로 물어볼 수밖에 없는 것들도 있다.

- '매매춘'을 어떻게 규정하는가?
- 성을 파는 이들은 그것에 대해 어떻게 설명하는가?
- 여성들이 성을 팔지 **않게** 하는 요소에는 어떤 것들이 있는가?
- 여성들이 성매매에 반대하게 만드는 요소에는 어떤 것들이 있는가?
- 여성들이 (그리고 누구든) 성을 판다는 것이 진짜 어떤 일인지 더 잘 이해 하도록 어떻게 도울 수 있는가?
- 어떻게 성노동자들이 '이 사안'—이것은 그들 자신의 삶에 대한 것이 다—에 대한 논쟁 자체를 이끌어나가게 할 수 있는가?

사실 우리는 논쟁을 거부해야 한다. 성노동 자체 그리고 그것과 불가분한 성노동자들의 삶은 논쟁 사안이 아니다. 혹은 아니어야 한다. 반성매매 진영에서 이런 유의 논쟁을 좋아하는 이들이 사실상 성노동하는 이들의 인간성과 그들의 가치를 저울질한다는 것은 상상할 수가 없다(이는 당연히 일관된 반성매매 진영이 있다는 것을 가정하지만 여기서의 논의를 위해 이를 반성매매 페미니스트들과 비종교적 좌파 진영 안에 느슨하게 모여 있는 그들의 동맹들에 한정하자). 그들이 했던 논쟁의 산물은 그들 자신도 매춘인들의 이익을 진정으로 걱정하는 집단에 속한다는 가정 위에 놓여 있다. 그들은 성매매에 대한 논쟁의 목적이 신화와 가정에 도전하고 '의식고양'을 위해 자신들의 전문성을 발휘하는 거라고 여길 것이다.

이런 의식화, 특히 오래전부터 매매춘, 포르노그래피, 또 다른 종류의 상업적 성에 내재돼 있다고 여겨지는 만연한 특성에 관해 의식화를 한다는 것은 본질적으로 무엇을 의미하는가? 먼저 의식을 깨우쳐야 한다고 주장하는 이들은 성노동자들의 현실적 삶에 대해 그들 스스로 직접 말할 수 있는 기회를 제한하는 사회질서뿐만 아니라 그들의 삶에 대해 야단스럽고 자세하게 묘사하고 싶어하는 욕망에 의존하게 된다. 이런 요소들이 모두 논쟁과 논쟁 결과물에 대한 수요를 부채질한다.

이런 논쟁에 연료를 채우고 또 보급하기 위해 의식화를 주장하는 이들은 고속도로가에 겁에 질린 소녀들의 흑백사진과 함께 **"판매용이 아니다"**라는 붉은 글씨가 소리 지르듯 쓰여 있는 광고판을 세운다. 그리고 애쉬턴 커처Ashton Kutcher나 숀 펜Sean Penn과 같은 할리우드 남자배우들을 고용해 "진짜 남자는 여자를 사지 않는다"라고 말하는 영상을 찍어 유튜브에 올리고 그들의 팬에게 조회수를 올리도록 만들기도 한다.

또한 니콜라스 크리스토프Nicholas Kristof같이 캄보디아와 인도의 집창촌과 빈민촌으로 들어가 성노동자들을 '구조'하는 자신의 영웅적 임무에 대한 이야기로 독자들을 즐겁게 해주는 이가 『뉴욕타임스』의 칼럼난을 맡아 글을 쓰게 만들기도 한다.

'구조산업rescue industry'이라는 용어는 인류학자 로라 오거스틴이 만들어낸 것인데, 이는 의식화의 결과물에 기반을 두고 있다. 구조산업은 관련자들에게 일자리를 주고 그들이 얼마나 많이 언급되었나 하는 주관적인 셈을 기준으로 그 효과를 측정한다. 의식고양은 그것을 주장하는 이들을 위한 가치를 구축하는 데 복무할 뿐 그 의식의 대상이 되는 이들을 위한 가치를 구축하는 데 기여하지는 않는다.

매매춘에 대한 의식고양은 가치중립적 행동이 아니다. 성노동자들은 시카고 버스에 등장한 것—**"부자 되세요. 바로 매춘 가능합니다. 포주가 이윤을 가집니다. 매춘에 동원된 여성들은 인생을 바칩니다"**—과 같은 광고를 내기 위해 특별히 재단 재원을 마련하는 것과 시카고 경찰이 '매춘된' 여성이라는 이들을 구하려고 포주를 체포하기 위해 자원을 배정하는 것 사이에는 분명한 선이 있다는 것을 안다. 그러나 그들을 무엇으로 부르든 상관없이 이 여성들 모두가 체포에 직면해 있다는 사실은 의식고양이 어떤 좋은 의도로 시도되든 간에 그 때문에 불가피한 피해를 입는 이들이 있다는 것을 보여준다. 『시카고 리포터Chicago Reporter』

에 따르면 "2010년에 시행된 일리노이즈 아동안전법에 따라 고객들은 처음 위반을 했을 때도 흉악범죄형에 처하게 되고", "성노동자들은 고객들과 같은 처벌을 받지는 않을 것이다." 그러나 그 신문사가 흉악범죄 통계를 조사하는 과정에서 발견한 것은 다음과 같다.

통계에 따르면 매매춘 관련 흉악범죄 중 거의 대부분이 성노동자에게만 해당되었다. 지난 4년 동안 쿡 카운티에서의 매매춘 관련 흉악범죄 유죄판결 1,266건 가운데 성노동자들에게 처벌이 내려진 것이 97퍼센트를 차지했다. 그리고 그 숫자는 증가일로에 있다. 성노동자에 대한 흉악범죄 판결은 2008년과 2011년 사이에 68퍼센트나 증가했다.

이 시기는 성적 착취에 반대하는 '시카고 동맹'과 같은 반성매매 집단이 성구매자들이 대가를 치러야 한다고 요구하며 그 도시에서 활발히 활동하기 시작했을 때였다.

의식고양을 목표로 한 논쟁은 다시 처음으로 되돌아간다. 당면한 문제는 우리가 어떻게 성노동자들의 삶을 **개선할 것인지**가 아니다. 매매춘 담론을 이어가는 데 있어 문제는 얼마나 많은 사람이 성노동을 하고 있는지와 무관하게 성노동자들의 삶에 대해 어떻게 계속 생각하고 말할 것이냐다. 아마도 논쟁에 집착하는 이들은 논쟁을 얼마나 잘하는지에 해결책의 범위를 한정해야 해서 정작 성거래에 참여하고 있는 이들을 방치할 것이다.

이 논쟁의 어느 편에 성노동자들이 앉을 것이라고 생각될까?

해를 입지 않고 성노동을 할 수 있는 권리를 갖기 위해 성노동자들이 성노동의 존재를 비호할 것이라고 기대해서는 안 된다. 생계를 위해 일하는 대다수, 그렇게 말하는 게 지나치다면 적어도 그중 상당수는 자신이 하고 있는 일에 대해 갖는 태도가 일하는 동안에도 변하며 심지어 하루 동안에도 변하기 마련이다. 성노동자들의 경험을 착취당하거나 아니면 힘을 얻거나 하는 한쪽 면에만 가둔 채 그들의 경험을 제대로 파악할 수는 없다. 유일한 해결책은 그 산업에서 빠져나오는 것이라는 말을 듣지 않고도 노동자로서 그들이 무엇을 바꾸기를 바라는지 공적이고 집단적으로 규정할 수 있는 공간이 있어야 한다. 그들이 성노동에 대해 갖는 불만이 성노동을 그만두고 싶은 바람의 증거로 여겨져서는—종종 그렇게 되는데—안 된다. 불만은 다른 모든 노동자도 가지고 있으며 성노동에 대한 불만의 경우도 예외일 수 없다. 노동 문제 저널리스트인 새러 재프Sarah Jaffe는 자신이 식당 종업원으로 일하면서 겪었던 싸움을 회상하며 "아무도 나를 식당산업에서 구조하려고 하지 않았다"고 말한다.

19세기 말과 20세기 초에 도덕주의적 개혁가들이 보였던 관심사와 비교할 때 현재의 매매춘 논쟁에서 일정한 변화는 있어 보인다. 하지만 '매매춘을 어떻게 처리할 것인가'로부터 '매춘인들을 어떻게 처리할 것인가'로 질문에 약간의 변화가 있을 뿐 같은 내용을 그저 다른 말로 쓴 것에 불과할 정도로 큰 변화는 없다. 도덕성 수호 싸움의 21세기판 계승자들에 따르면, 이것은 범죄자가 아니라 희생자로서의 매춘인에 초점을 두는 방식으로 이해되어야 한다고들 한다. 그 논리에 따라 성노동자들이 자신의 이야기를 들으려 하지 않는 이들로부터 관심받는 것을 원하지 않는다면 그들을 용서하시라.

이 논쟁들은 성노동을 하는 사람들의 삶의 관심사와는 너무나 동떨어져 있으며, 매매춘 반대론자들이 '이 사안'에 대한 자신의 지적·정치적·도덕적 기여를 주장하는 기회가 되어줄 뿐이다. 페미니스트 매춘인이자 코요테의 설립자인 마고 제임스는 1983년에 인신매매에 관해 제1세계에서 열리는 한 대회에 참여했다. 그곳에서 마고 제임스는 반성매매 활동가 캐슬린 배리Kathleen Barry를 만나 논쟁하고 싶어했는데, 그때 배리는 마고 제임스에게 "매춘 여성과 성노예에 관해 토론하는 것은 부적절하다"고 말했다고 한다. 반성매매 집단들은 매매춘을 주제로 한 포럼에 참여하려는 성노동자들이 성노동자들을 대표하지 않으며 '성산업 로비' 구성원이거나 '포주와 인신매매꾼'들을 대신해서 혹은 자신들이 포주나 인신매매꾼으로 활동할 뿐이라고 우겼고, 이 논쟁은 오늘날까지 계속되고 있다. 반성노동 캠페인 활동가들에 대한 내 보고서를 보고 그들은 내가 포주들로부터 돈을 받기 때문에 이런 글을 발표할 수 있는 거라고 이야기했다. (그렇다면 포주들이 저널리스트들한테 돈을 대주기 위해 성노동자들에게 줄 임금을 빼돌린다는 것인가?)

배리는 '여성인신매매반대연맹Coalition Against Trafficking in Women'을 설립해 유엔과 미국의 반인신매매 정책에 '성적 착취'라는 모호한 관념을 소개했다. 이 용어는 모든 상업적 성을 의미하는 것으로 쓰이고 있으며 여기에서 강제, 사기 혹은 강압이 개입되는지 아닌지에 대한 문제는 중요하지 않다. 스웨덴의 유명한 성매매법은 성을 사는 남성을 범죄자로 만든 페미니스트의 승리로 종종 묘사된다. 스웨덴식 법은 배리와 '당장 평등', '유럽여성로비European Women's Lobby' 등의 반성노동연맹이 모범적인 법제도라며 밀어붙였던 것이고, 이 과정에서 그들은 성을 파는 여성들과는 어떤 **의미 있는** 논의도 하지 않았다. 이와 반대로 성매매를 범죄가 아닌 것으로 규정한 뉴질랜드의 사례는 성노동자들이 진전시켰으며, 법이 시행된 이후에도 성노동자들에게 좋은 평가를 받아왔다. 이런 상황임에도 정책결정 과정에 더욱 많은 성노동자를 참여시키는 방향으로 진전하기보다는 그 반대가 거의 일상적이다. 캐나다 대법원은 반성매매 관련법 폐지로 이어질 수도 있는 사례를 법정에서 들어보기로 결정했는데, 항소심에서는 똑같은 기구가 성노동자들이 운영하는 단체의 증언에 반대했다.

　우리는 성매매 논쟁에 다시 선을 그어야만 한다. 매춘인들이 그 논쟁에 참여하든 아니든 말이다. 성노동자들은 오로지 다른 누군가의 정치를 위한 지지대로서 기꺼이 헌신하고자 할 때만 자신의 삶에 관련된 사안을 공적으로 조사해볼 수 있도록 초대받는 일에 지쳤다. 영향력 있는 저서인 『창녀와 다른 페미니스트들Whores and Other Feminists』의 편집자인 질 네이글Jill Nagle은 "매매춘을 둘러싼 비매춘인 페미니스트 담론의 산물은 노동자를 자신이 재현되는 일에서 소외시킨 것이다"라고 말한다. 이른바 성노동자들이 "목소리 없는 이들에게 목소리를 줌으로써" 페미니스트들을 지원해왔고 또한 바로 그 같은 페미니스트들이 성노동자들이 직접 들려주는 목소리를 자기들 마음대로 무시하고 있다.

　성노동자들이 스스로는 말하지 못하는 아이콘이나 서비스 도구라는 역할에 내던져질 때 반성매매 진영은 그 상황을 비난한다. 그들은 성노동자들이 성매매에서 수동적 역할만을 차지하고 있다고 주장한다. 그러나 그 성노동자들을 근본적으로 유기하고 있는 이들은 바로 반성매매 진영이다. 성노동자들이 논쟁 무대 뒤에서 훨씬 적은 참가비를 받은 채 논쟁에 참여할 때 상황은 더 나빠진다.

'수요'에 대한 요구

성노동이 모든 곳에서 벌어지고 있고, 통제되지 않고 늘어나고 있으며, 해마다 수백억의 수익을 내고 있다는 이야기가 퍼져 있다. 이것은 논쟁을 만들기도 하고 또 그 논쟁의 결과물이기도 하다. 그리고 이런 이야기는 도덕적 부패에 대한 공포와 엘리트층 내부의 공포를 만들어낸다. 그것이 지금 당신의 딸에게도 접근하고 있고, 당신의 앞마당까지 진출하고 있으며, 아직 그런 일이 일어나지 않았다면 조만간 일어날 것이라는 공포 말이다. 플로리다 검찰관 사무실 밖에 쓰인 광고는 **"순간의 소식에서 즉각적인 악몽으로!"**라고 경고한다. 붉은색으로 쓰인 그 문구 아래에는 웅크리고 있는 어린 소녀의 사진이 함께 실려 있다.

통제되지 않고 미개하며 건강하지 못한 반페미니스트적 여성들에 대한 공포가 한때 상업적 성에 투사되었다. 이제 상업적 성에 대한 모든 묘사방식은 상업적 성의 수요에 대한 공포로 드러난다. 그러나 그 공포는 여전히 이전과 같은 초점에 맞춰져 있다. 바로 욕망과 성노동자의 몸이다. 그 여성들은 전문가 개입이 필요한 희생자가 됨으로써 목표대상에서 벗어났다고 가정된다. 전 미국대사였던 스와니 헌트 Swanee Hunt의 반성매매 조직인 '근절요구Demand Abolition'는 "성 인신매매의 동인이 되는 불법적인 상업적 성에 대한 수요와 전쟁을 벌일 때까지 이 끝없는 희생자 공급은 멈추지 않을 것이다"라고 천명했다.

반성노동 활동가들이 쓰는 표현대로라면 성노동자들 자신이 집, 건강, 교육, 좀더 나은 삶, 부유한 생활 등을 감히 욕망하기 때문이 아니라 남성들의 탐욕스러운 욕망이 희생자를 만들어낸다. 그들은 남성의 욕망을 해결해야 할 문제로 제시한다. 여성에 대한 남성의 '구매'와 '수요'를 근절해야 남성들은 감옥에 가지 않아도 되고 성노동자들은 다른 일자리를 가질 수 있게 된다고 여기기 때문이다.

남자들이 누구와 어떻게 성교하고 싶어하는지는 해결이 수월한 작은 문제다. 반면에 성노동과 성노동자들의 권리에 반대하는 여성들이 자신은 빈곤이나 인종 불평등 문제와는 달리 성노동과 무관하다거나 그것에서 어떤 이익도 취하지 않는 체하는 것은 심각한 문제다.

남성의 욕망이 공황상태를 일으키는 유일한 진원지는 아니다. 반성매매 옹호론자들이 말하듯, 다른 한편에는 남성들이 여성을 사고팔기 위해 어떻게 기술을 활용하는지에 대한 우려도 있다. 한때 콜걸을 부를 수 있는 전화나 싸구려 전단지 뒷면에 실렸던 에스코트 광고가 공황반응을 불러왔지만, 오늘날은 인터넷이 성을 구매하려는 남성들의 무분별한 욕망을 충족해주는 수단이 되었다는 우려가 있는 게 사실이다. 새로운 매체가 사회적 약자들(대체로 여성들)로 하여금 사회악에 물들게 만든다는 생각이 널리 퍼져 있는 것이다.

　새로운 세기의 성노동은 더 모호하고 덜 도구적인 방식으로 서비스와 레저산업의 확장이 가져다준 혜택을 받고 있다. 한 가지 예를 들자면, 사업상 묵게 된 낯선 호텔에서 혼자 보내는 시간 동안 쾌락이 제공되는 것이다. 여행자들에게 호텔은 지루하고 외로운 곳일 수 있다. 바로 그러한 이유로 여행자들은 즐거운 동반자, 필요할 때 고용할 수 있는 동반자를 호텔로 데리고 들어오고 싶어한다. 보는 만큼만 지불하는 포르노그래피는 어디서나 접근 가능하고 문제가 되지도 않으며(포르노 산업 자체의 회계자료에 따르면 포르노그래피에서 나오는 이윤의 상당 부분을 매리어트, 힐튼, 웨스틴과 같은 기업형 호텔이 거둬들인다), 혼자 객실을 쓰는 여행자들의 비용 부담을 덜어주기 위해 반드시 제공되어야 할 편의시설인 무료 와이파이는 포르노와 전화로 방문 예약을 할 수 있는 성노동 광고에 익명으로 접근할 수 있게 해준다.

　상업적 성은 사회적·경제적 환경에 적응하고 그 행태는 상업형태에 영향을 준다. 광산촌의 이발소, 노동계급이 가는 댄스홀, 부유층이 즐기는 밀회 주택, 그런대로 쾌적한 주거지역에 있는 콜걸 개인 소유의 아파트, 퇴근시간 후에만 영업을 하기 때문에 낮에는 표가 나지 않는 노래방, 주요 환승역 바로 근처에 있는 7/24◆ 포르노 극장, 밤거리를 차지한 이들과 커플들에게 활기를 주는 버려진 선착장, 집에서 멀리 떨어져 있는 시골지역의 매춘 업소와 고속도로 요금징수소 근처에서 쉽게 볼 수 있는 스트립쇼 클럽처럼 말이다.

우리는 이런 장소들을 홍등가라고 보지 않는다. 고급 호텔의 고층들은 엘리베이터 안에서 키카드를 대야만 접근할 수 있는 곳이지만 근처 길모퉁이보다 더 상업적 성거래 공간이 될 가능성이 높다. 거대 쇼핑센터 근처에 그런 골목이 아직 있고 이런 고급 호텔에 드러눕는 관광객들이 여전히 그런 지역에 찾아가 돈을 벌게 해주고 있다면 말이다.

작가이자 오랫동안 에이즈 활동가로 지내온 새러 슐먼Sarah Schulman이 지적하듯, 성노동이 사적 영역으로 옮겨가는 과정은 성적 고급화라는 흐름과 궤를 같이한다. 이 과정은 인터넷이 대중화되기 훨씬 전에 시작되었고 대중이 에이즈에 대해 무관심해서 빚어진 임대료 상승 현상과 함께 일어났다. 슐먼은 뉴욕 게이 주거지의 역사를 추적한 책『정신의 고급화The Gentrification of the Mind』에서 이렇게 지적한다. "백인, 상층 계급, 성적 비밀주의자들에 의해 이제 게이의 삶은 사적 영역에서 이뤄져야 한다고 여겨지고 있다." 법과 도시 고급화 논자들은 "거리를 쓸어버리는" 생각과 행동을 함께 생산하고 정당화한다. 뉴욕 시장 루

◆　일주일 내내, 하루 24시간 영업을 한다는 뜻.

돌프 길리아니Rudolph Giuliani가 타임스스퀘어를 만들 때 뉴욕 경찰청만 필요했던 것은 아니다. 그는 그곳에 디즈니가 입점할 필요가 있다고 생각했다. 그리고 그 일을 마무리 짓기 위해 어떤 면에서는 크레이그 리스트Craigslist(세계 최대의 무료 포털사이트)도 필요했다.

성을 중심에 둔 사업들은 구역이 지정되고 공포에 휩싸인 선입견 때문에 '합법적' 사업에서 소외되기 시작했는데, 그럼에도 아직 완전히 소외된 것도 아니다. 그 사업은 이제 사적 공간으로 이동하고 있으며 소외된 상태로 오래 있지도 않을 것이다. 홍등가가 고급화되고 상업적 성이 인터넷으로 이주함으로써 성산업이 종말을 알리는 것은 아니다. 실제 **살아 있는** 몸들이 어딘가에서는 만나고 교환되어야만 하고, 그것은 모든 업무가 끝난 뒤 닫힌 문 뒤에서 일어나며, 항상 사람들이 살고 일하는 곳에 가까이 있기 때문이다. 동시에 공개된 웹사이트에서 이제 그 행적을 따르는 이전과는 비할 수 없이 많은 감시에 찬 (또한 호기심 어린) 눈들 앞에서 이전에는 거리에서 협상되던 모든 일이 일어난다. 온라인으로 조직되고 사적으로 이뤄지기 때문에 많은 이가 매춘인으로 알려질 위험을 감수할 필요도 없이 성노동을 시도해볼 수 있는 가능성이 열렸다. 작가이자 전직 콜걸인 트레이시 콴Tracy Quan이 블로그 '티츠 앤 사스Tits and Sass'와 한 인터뷰에서 했던 말처럼 정보사회에서 이전에 비할 바 없이 가치 있어진 것이 바로 사생활이다. 그녀는 자신을 드러낸 채 살아가는 것에 대해 "20세기 매춘인들이 자신의 정치적 수사를 이미 개발시키고 있을 당시에 페이스북은 있지도 않았다"고 지적한다.

그렇다면 더 많은 사람이 매춘을 하게 된 것이 아니라 매춘인을 비매춘 여성과 구분하던 전통적 방식이 더는 작동하지 않는다는 점이야말로 진짜 공포스러운 일인가? 반성매매법은 기본적으로 배제와 추방에 관한 것이다. 이제 누가 배제되고 추방되어야 하는지를 우리가 어떻게 알 수 있을까? 그리고 (잠재적) 성노동자의 관점에서 봤을 때 더는 낙인찍힌 특정 장소에 갈 필요가 없고 성노동에 대한 정보를 얻기 위해 다른 성노동자들과 사회적 네트워크를 만들어야 할 필요가 없다면, 성노동을 하는 사회적·물질적 위험은 다룰 만해진다. 나는 성노동이 '고급화'를 통해 훨씬 안전해졌다고 생각한다. 그렇지만 이전에는 노동자 계급 거주지였던 곳으로 들어온 세련된 커피숍이나 레스토랑처럼 고급화된 성노동은 그곳에 한 번도 와보지 않은 소비자들과 노동자들을 불러들일 것이다. 성산업이 확장되고 있는지는 분명하지 않지만 그 성격은 분명히 변하고 있다.

위기 또는 통합

특정 종류의 상업적 성을 비범죄화하고 그 일터가 공인되도록 만들면서 우리는 성노동자들을 위험에 빠뜨리는 통제 시스템을 해체해왔다. 이런 시스템들, 예를 들어 "호객하기 위해 서성이는 것", "성노동자의 소득에 얹혀 사는 것", "음란행위를 하기 위해 주택을 소유하는 것" 등을 금지하는 법과 이를 집행하는 이들, 집행과정에서 체포된 이들을 '갱생'시키는 것이 직업인 이들은 애당초 왜 존재할까? 이 모든 통제 시스템이 존재하는 이유는, 그것이 상업적 성을 규제하려는 것이든 근절하려는 것이든 간에, 상업적 성을 불미스러운 것으로 만들어 단념시키기 위해서다. 이렇듯 통제 시스템이라는 것 자체가 현실적으로 해로운 결과들을 양산하고 있다.

몇몇 해로운 것들은 줄어들었다. 물론 이 상황이 동정 어린 시선 속에서 진행된 조사를 통해 이뤄진 것은 아니다. 인터넷으로 장사할 방법을 개발하고 홍등가와는 독립적으로 정보와 전략을 나눌 수 있는 네트워크를 만드는 등 고급화된 조건에 적응하면서 성노동을 더욱 사적인 공간에서 하게 된 성노동자들의 노동을 통해 이뤄진 것이다.

사회학자 바버라 브렌츠Barbara Brents, 크리스탈 잭슨Crystal Jackson, 캐서린 하우스백Kathryn Hausbeck은 『섹스의 나라The State of Sex』에서 성

산업의 고급화를 '통합'으로 설명한다. 통합은 성산업이 레저와 쾌락산업과 함께 혼성된 상태를 말한다. 또한 통합은 거의 동시에 일어나는 두 가지 흐름을 일컫는다. 하나는 서비스와 레저 경제의 지배력이 아동양육, 브라질식 제모, 개인 트레이닝 등과 같은 친밀 서비스의 구매가 일상화되면서 함께 증가하고 있는 흐름이다. 다른 하나는 성을 중심에 둔 사업이 공식화되고 있는 흐름인데, 이는 스트립쇼 업소를 소유한 기업의 합병, 인터넷 포르노 산업의 증식, 온라인 광고를 통해 독자적으로 운영되는 에스코트 서비스의 성장 등과 함께 일어난다.

슈가 대디◆를 찾는 관행마저 전통적인 데이트사이트를 닮은 유료 웹사이트를 통해 전 지구적 시장으로 확장되고 있다. 젊은 여성들은 실제 자기 손에 돈이 쥐어지지 않는 이상 그 남자들과 데이트하려 하지는 않겠지만 말이다. 이런 신호는 작은 것에 불과하다. 이 사이트들은 무료 타블로이드 신문에 에스코트 서비스와 함께 나란히 광고되지만 이들에 대한 진짜 홍보는 『뉴욕타임스』나 〈CNN〉 등에서 내보내는 주요 뉴스를 통해 이뤄진다.

브렌츠, 잭슨, 하우스백은 "이런 사업들이 이전보다 더 두드러진 주

◆ sugar daddy: '물주' 또는 '스폰서'와 같은 유의 말로 이해될 수 있으며, 특히 부유한 남성 애인을 가리킨다.

류가 되면서 사업 관행과 그곳에서 하는 일 모두가 훨씬 일상화되고 있고 이들 중 많은 업체가 다른 서비스 레저 경제와 점점 더 닮아가고 있다"고 주장한다. 그 말은 이전에 성산업이라고 알려져 있던 산업이 반성매매 사회개혁자들이 우겨왔던 것처럼 그렇게 법적 정화노력을 통해 통제되고 단속되어야만 하는, 항상 사회 주변부에 있는 소름 돋는 골칫거리들이 아니라는 뜻이다. 경계는 이동하고 있다. 위기는 한 번도 도덕의 위기였던 적이 없었다. 그것은 언제나 돈의 위기였다.

5장_ 산업

성노동자들의 노동이 평가절하받는 동시에
이에 대한 수요가 있다는 것은 우리가 왜
성노동이 **노동**이라고 주장하는지에 대한 이유다.
그러나 이 주장을 성노동은
그것이 '좋은' 노동인 한 노동이라거나
그 일을 무척 좋아하는 한 노동이라고 하는
무비판적인 생각과 혼동해서는 안 될 것이다.

성산업이 하나뿐인 것은 아니다. 에스코트, 거리 성매매, 마담 역할, 스트립쇼, 비디오와 웹캠으로 성행위 연출하기 등 다양한 노동이 있다. 이 모든 노동이 단지 하나의 노동이라고 말하는 것은 적절하지 않다. 모든 상업적 성을 그런 식으로 묶는 것은 그것을 매우 단편적이고 편협하게 이해되도록 만들어 판매를 위한 모든 성이 폭력, 일탈 혹은 자포자기 같은 동일한 현상 때문에 빚어진다는 주장을 강화할 뿐이다.

이런 다양함은 일터에 대한 규제와 감시에서도 볼 수 있는데, 절차와 적법성이라는 측면에서 그 정도는 다르다. 심지어 비공식 경제로 불리게 된 가장 파악이 덜 된 영역에서 극도로 범죄화되어 운영되는 것들은 일부러 사적으로, 비밀리에, 내부적으로 유지해온 조직방법과 관행이 있다. 비공식 경제를 연구하는 많은 학자가 넝마주이와 노점상, 위조꾼, 밀수자 등으로 구성된 노동지형을 연구해왔지만 이들은 성노동이 범죄인 동시에 서비스 노동이고, 많은 경우 여성의 일로 젠더화된 노동이기 때문에 그것에 합당한 시선을 보내는 데 실패한 것 같다.

그들은 사회학자 수디르 벤카테시Sudhir Venkatesh가 『부유하는 도시

Floating City』에서 묘사했듯이 "부유하는 도시", 심지어 그 사회 바깥에 갇혀 있다. 저널리스트 로버트 뉴워스Robert Neuwirth는 『남모르는 나라: 비공식 경제의 전 지구적 부상Stealth of Nations: The Global Rise of the Informal Economy』에서 물밑에서 이뤄지는 노동을 범죄와 구분하고자 하면서도 정작 성노동자는 고려하지 않고 단지 은유적으로만 제시했다.

거의 완전히 간과되어온 일터 하나만 예로 들겠다. 바로 상업적 지하감옥이다. 이것은 사실 교외 거주지에 있는 주택인데 주요 미국 도시의 중심 상업지역과 그곳에서 일하는 이들이 대중교통을 통해 연결되는 곳에 있다. 소외지역도 아니고 위반 표식이 **붙어 있는** 곳도 아니다. 지하감옥이라고 불리는 이유는 마사지 가게나 신사클럽과 달리 그곳에서 일하는 이들이 제공하는 서비스를 찾는 고객이 자신이 무엇을 기대할 수 있는지를 알 수 있게 하기 위해서다. 누구도 쇠사슬에 묶여 있지는 않지만 쇠사슬에 묶이기 위해 돈을 낸 이들이 동의한 시간만큼은 그곳에 묶여 있을 수 있다.

지하감옥 고객은 각 시간대에 맞춰 몇 명의 종업원이 그곳에서 대기 중이라고 기대하게 되는데, 그중 어떤 종업원은 고객이 원하는 바를 해주고 싶어할 것이다. 접수 담당자가 전화를 받거나 이메일로 답장을 줄 것이며, 고객의 요구, 종업원의 선호사항, 고객이 원하는 시간대에 맞춰 종업원을 배정해줄 것이다. 어떤 지하감옥은 웹사이트에 종업원이 어떤 분야에 전문적인지에 대해 올려놓기도 한다. 전화기 옆에 놓인 공책에 종업원 목록을 기록해두기도 하고 종업원들이 돌아가며 접수 담당을 맡고 당번을 맡은 종업원들에게 고객을 연결해준다. 종업원들은 해당 고객이 다시 전화할 경우에 다른 종업원들도 그 고객에 대해 알 수 있도록 배정된 일이 끝나면 짧게 기록을 남겨둔다.

지하감옥은 그곳에서 가치를 생산하는 노동이 진정한 일로 간주되지 않는 한 비공식적 노동 영역에 속한다. 지하감옥에서는 당번 회의, 일정 잡기, 연공서열에 따라 수수료 나누기 등의 일이 이뤄진다. 공과금 청구서가 도착하고 지불된다. 재산세도 마찬가지다. 어떤 경우에는 관리자가 비밀스러운 고용 참조사항을 일러주기도 한다. 그리고 때로는 종업원들이 해고되기도 한다.

지하감옥에서 무임노동을 수행하는 집단이 있는데 바로 '하우스보이houseboy'다. 많은 하우스보이가 적어도 하루에 한 번은 와서 청소할 수 있게 해달라고 전화를 걸어온다. 지하감옥에서 일하는 여성들은 이 남자들의 노예 판타지를 관리하는 것 자체가 일종의 노동이라는 것을 알지만 하우스보이들이 설거지를 대충 해서 가장 못되게 굴어야만 하는 경우라도 유리잔이나 포크에 얼룩이 묻어 있지나 않은지 등을 점검하는 정도만 한다. 그것이 가사노동에 관한 페미니스트 논쟁에 주석으로 달릴 일이야 결코 없겠지만, 하우스보이는 자신들이 누릴 수 있는 최상의 보상이 더는 설거지할 거리가 없는 **텅 빈 씽크대**라는 점에 깊은 만족감을 느낀다. 기록, 청구서, 설거지거리 등은 그곳에 손님으로 가서 돈을 낼 때가 아니라 그곳에서 일을 할 때 볼 수 있는 광경이다.

맞은편 가까이 있는 대학 동네에는 R이 운영하는 에스코트 대행사가 있다. R은 매주 신문 뒷면에 실리는 광고와 고객이 광고를 보고 전화할 휴대전화 비용을 지불하는 사람이다. 광고와 전화회선을 공유하는 여성들은 광고를 통해 얻은 각 건수의 소득에서 30분이나 한 시간에 해당하는 몫을 R에게 지불한다. 이 말은 곧 자신들은 전화를 받기 위해 항시 대기할 필요가 없고 자신들에 대한 정보를 광고를 싣는 신문사에 제공할 필요도 없다는 뜻이다. 그들은 그저 모텔방이나 고객을 만나기로 한 집에 나타나기만 하면 된다. 그들과 같이 일하고 싶은 여성이 그 번호로 전화를 걸 수도 있고 R이 커피숍에서 그 여성을 만날 수도 있다. 같이 일하겠다고 결정을 내리면 R은 일에 대한 모든 것을 훈련시킨다. 그들 중 몇몇 여성은 당번을 정해 전화를 받고 예약을 잡는 일을 맡게 되고 그 일을 잘하게 되면 직접 일을 나가게 된다.

그리고 몇몇 '여남자shemale' 웹사이트에 모델을 서기도 했던 M이 있다. 이 용어는 M이 자신을 설명할 때 사용하는 용어가 아니다. M은 소득의 대부분을 이 사이트들의 팬인 남성들과 클럽이나 다른 사적 장소에서 열리는 섹스파티에—성관계를 갖든(가끔은 그렇게 했다) 그렇지 않든—에스코트로 동행해주는 일로 번다. 웹사이트는 에스코트 광고란에 돈을 지불할 필요 없이 자신을 데이트 상대로 고용하라는 광고를 내기 위한 방법이다. 그리고 자신의 팬인 고객과 이메일을 주고받을 때 언제 어떻게 만날지를 정하는 수단이 될 수도 있다. M은 팬으로 자신을 만날 때도 비용청구를 할 것임을 분명히 한다. M의 한 친구는 온라인에 올린 에스코트 광고를 보고 접촉해온 사복경찰이 약속을 정한 후 아파트로 와서 그녀를 체포하고 전화기와 노트북을 가져간 뒤 엉망이 되었다. M은 클럽에서 경찰과 마주쳤을 때도 그만큼 두려웠던 적은 없었다고 말했다.

자신의 남자친구와 함께 지내는 아파트에서 포르노사이트를 운영하는 C도 있다. C는 자신이 직접 포르노 모델로 일하면서 인터넷 게시판이나 자신이 생계를 위해 어떤 일을 하는지 아는 친구들을 통해 다른 사람들을 고용하기도 했다. 한 모델이 C의 아파트로 촬영을 하러 왔는데 그때 그녀가 포르노사이트와 관련된 이들 중 유일하게 연락처를 가지고 있던 사람이 사진가로 활약한 C였다. C의 업무용 컴퓨터는 자신의 개인 컴퓨터였고 근무장소는 소파, 촬영 배경막, DVD, 고양이가 있는 자신의 거실이었다. 때로는 모델들에게 지불할 돈이 없어서 사이트 회원들이 더 들어올 때까지 자신의 사진만 찍어 올리기도 했다. 가끔 팬들이 다른 도시에서 만나자고 요청하기도 했는데 비행기표 값을 지불해주면 그곳에 가서 모델들을 촬영하기도 했다. 수입은 정확히 예상하기 어렵기 때문에 때때로 스트립쇼 클럽에서 일하기도 했다.

포르노, 스트립쇼, SM, 에스코트 등은 가장 가시적인 형태의 성노동 중 네 가지에 해당하지만 각각은 서로 다른 환경에서 이뤄진다. 따라서 이 중에서 두 개 이상을 동시에 하며 돈을 버는 경우도 드물지 않다. 그것은 돈을 버는 잠재적 능력을 최대화하는 것 이상의 문제다. 각 영역에서 일어날 수 있는 다양한 수위의 노출과 감시를 두고 협상하는 방법이 있기도 하다. 아는 사람이 손님으로 들어올 수도 있는 스트립쇼 클럽에서 일하면서 자신의 사생활을 포기하기를 원치 않는 에스코트도 있고, 포르노 배우를 하거나 자신의 이미지를 온라인에 올려서 사생활을 포기하는 일은 절대 하지 않겠다는 스트립쇼 걸도 있으며, 포르노를 찍는 일 외에 돈을 벌기 위해 절대 성관계를 갖지는 않겠다는 포르노 배우도 있다.

이것은 21세기가 시작된 후 첫 10년간 미국에서 내가 만났고 지난 10년 동안 함께 일해온 성노동자들로부터 전해 들은 이야기의 일부일 뿐이다. 이들은 온라인으로 또는 직접 만나 일을 한다. 각자의 방식과 관례대로 고객의 요구에 응한다. 웹사이트는 사진과 회원권을 판다. 에스코트 서비스는 약속을 잡는다. 클럽은 입장료를 받고 음료를 판다. 그리고 스트립쇼 걸들은 무대에서 쇼를 팔고 사적으로도 춤을 춰준다.

각각의 판매는 각각의 기술을 요하며 각각의 장단점이 있다.

일 자체와 그 환경이 구별되는 것만큼 이 모든 것이 시간과 장소에 따라 충분히 다양하다는 주장과 함께 이 모두를 성노동이라 부를 때 정치적으로 유용한 점도 있다. 예를 들어 미디어를 통해 보이는 거리 성매매의 이미지(대체로 유색인 여성이 짧은 치마를 입고 차에 기대 서 있거나 차를 향해 걸어오는 이미지)는 강력하지만 아주 손쉽게 만들어진 합성물이다. 이것은 상상된 성매매 이미지의 전형으로서 모든 성노동자를 재현하는 대표적 이미지가 되었다. 그렇지만 그 이미지는 대중적 소비를 위해 특정하게 만든 쇼일 뿐이다. 성노동자들의 몸은 그들에게 동정심이 든다고 주장하는 이들, 전형적인 재현에 대해 의문을 품는 이들, '도와' 주고 싶다는 이들의 지지를 받아 재현될 때조차 거의 제대로 보여지지 않으며 도시의 부패, 여성혐오, 착취와 같은 교환 가능한 상징물 이상의 것으로 이해되는 경우도 드물다.

그 이미지는 그것이 대변하게 된 모든 거리 성노동자를 대표하지 않는다. 사회학자 엘리자베스 번스타인Elizabeth Bernstein은 거리 성노동 형태를 고려할 때, 심지어 같은 도시 안에서도 "성적 노동을 하는 것과 그 의미가 매춘 거리마다 각기 다르다는 사실을 인식하는 것이 중요하다" 고 말한다. 번스타인은 이런 성노동 중 어떤 것은 "여자의 집이나 공동체 내에서 일반적으로 이뤄지는 직접 조직된 일시적인 교환"으로, 교역 또는 물물교환으로 설명되는 것이 더 정확할 수 있다고 말한다. 그녀는 "상업적으로 거래되는 성적 교환은 몸을 공적으로 전시하면서 이뤄지는 '일'로 개념화"된다고 보면서 이것을 "'업'으로 거리를 활보하는 성적 노동"과 구분하고 있다. 이 점은 풀뿌리 단체인 '청년여성 힘돋우기 프로젝트Young Women's Empowerment Project'가 실시했던 성거래에 참여한 시카고 청년들에 대한 연구에도 반영되어 있다. 그들은 공동체 내에서 생존에 필요한 것을 얻기 위해 성거래를 하며 이를 머리 땋기나 애 보기 등 다른 비공식 노동과 함께하고 있다. 따라서 그것을 '직업'으로 이해할 필요가 없다는 것을 주지하기 위해 '성거래와 길거리 경제'라는 서술어를 채택하고 있다.

성산업은 다양하고도 많은 구멍을 가지고 있다. 미국에서 가장 눈에 띄는 예를 생각해보자. 네바다는 성매매가 한 번도 완전하게 범죄였던 적이 없고 대중이 성매매에 관용적일 수 있도록 그것에 대한 엄격한 규제와 고립 정책을 채택해온 몇 안 되는 지역 중 하나다. 네바다의 농촌지역에는 합법적인 성매매 업소들이 있다. 브렌츠, 잭슨, 하우스백이 『섹스의 나라』에서 발표한 연구에 따르면, 성매매 업소에서 일하는 노동자들 중 3분의 1이 그 이전에 다른 종류의 성노동은 해본 적이 없고 '비성적 서비스 노동'을 하다가 그 업소로 바로 옮겨왔다는 것이다. 연구자들이 인터뷰했던 이들 중에서 4분의 3이 '일반적인 노동'과 성노동 사이를 이동한다. 이에 근거해 이 연구자들은 "성을 파는 것은 다양한 직업 중 한 형태인 노동이다"라고 말한다.

성노동이 서비스 노동이라고 말하는 것은 성노동자의 지위를 세탁하거나 격상시키기 위한 것일 뿐만 아니라 동일한 노동자들이 성노동과 비성적 서비스 노동을 함께한다는 사실을 분명히 드러내기 위한 것이다. 『쾌락 단속하기: 성노동, 정책, 전 지구적 관점에서 본 상황Policing Pleasure: Sex Work, Policy, and the State in Global Perspective』이라는 제목으로 출판된 러스트 벨트Rust Belt 스트립쇼 걸에 대한 연구에서 수전 듀이Susan Dewey는 다음과 같이 보고하고 있다. 뉴욕 번화가에서 멀리 떨어진 한 업소에서 스트립쇼를 하는 절대 다수가 성산업이 아닌 산업에서 일을 했고 "그들 중 많은 이가 자신이 정기적으로 손님들이 주는 팁을 받을 가능성이 있는 반나체쇼 업소에서 하는 일을 선호한다는 것을 깨닫기 전에 다른 곳으로 저임금 서비스 노동을 하러 갔다 온 적이 있다"는 것이다. 듀이의 연구에 등장한 댄서들에게 "착취적이고 배타적이며 사회적 계층 이동이나 경제적 안정에 대한 희망이 없는" 곳은 성산업이 아니라 그 **외부**였다.

'유럽여성로비'에서부터 반동적 페미니스트 블로거에 이르기까지 성매매 반대론자들은 성노동자들 스스로 성노동이 "다른 것과 같은 직업"이라고 주장한다고 말하기를 좋아하지만 실제 성노동자들은 이런 주장을 하지 않는다. 성노동자들은 성적 서비스가 제공되는 조건이 다른 사람의 손톱을 깎아주거나 창을 세척해주거나 다른 사람의 아기를 위해 기저귀를 갈아주는 일과 같다고 여긴다. 이 모든 일은 앞 다퉈 하고 싶은 일도 안정적인 일도 아니라고 생각하기 때문이다. 만약 반성노동 활동가들이 성노동자들의 이런 생각에 동의한다면 성노동자들이 앞에서 언급한 그런 주장을 한다고 말하고 다녀도 되는지 의문스럽다.

그러나 그것은 성노동 반대론자들이 "다른 것과 같은 직업"이라는 문구를 들먹일 때 하고 싶은 말이 아닐 것이다. 그들이 말하는 '직업'은 비공식 서비스직을 의미하는 게 아니라 사회적 프로젝트를 처리하거나 연구를 진행하거나 로비를 하는 등과 같은 한층 격 있는 노동을 의미하기 때문이다. 성노동자를 구제하는 일은 그들에게 좋은 일이다. 페미니스트 무정부주의자 엠마 골드만Emma Goldman은 1910년에 매매춘에 대한 공포가 "기름기 낀 정치적 직업(감시관, 조사자, 탐정 등과 같은 세상을 추적하는 기생충)을 몇 개 더 만들어낼 것이다"라고 지적한 바 있다. 성노동자의 소득상실은 곧 그들의 성취가 될 것이다.

성노동 반대론자들은 우리가 이길 때 우리의 일자리를 가로챈다. 사회주의 페미니스트 활동가이자 무정부주의자인 셀마 제임스Selma James는 "주님의 집의 갈보들Hookers in the House of Lord"이라는 제목의 글에서 1980년대 런던의 성공적인 풀뿌리 성노동자 프로젝트의 종결에 대해 다음과 같이 기록했다. "반포르노 로비 진영의 페미니스트 변호사들과 여성들"은 이 활동을 시작했던 성노동자들을 실제로 고용할 필요도 없이 자신들이 직접 만들어서 활동했다는 것이다. 제임스는 "우리는 여성들의 싸움이 역사에서 감춰지고 그것이 산업으로, 소녀들을 위한 직업으로 변형되는 과정을 목격하고 있다"고 지적했다.

반성노동 페미니스트들이 말하려는 것은 저 아래에서 주인 없이 방종한 매춘부들이 빈둥거리는 동안 자신들은 유리천장을 부수고, 여성다움의 가치를 격상시키며, 성노동에 반하는 진정으로 힘든 일을 하는 노동자라는 것이다. 정치 이론가인 케이시 윅스Kathi Weeks는 어떤 여성을 주인 없는 방종한 자tramp라고 부르는 것은 그 여성과 그녀가 하는 노동의 가치를 평가하고 판단하기 위한 것이라고 지적한다. 『일이라는 문제The Problem with Work』에서 윅스는 주인 없는 방종한 자는 "명령을 제대로 받지 않게 되면 일(집과 가족, 그것에 대한 여성의 헌신)이 주는 근본적으로 논쟁 불가한 이점에 대해 질문할지도 모를 잠재적 위험 인물"로 간주된다고 말한다. 반성노동 개혁가들이 성노동자들을 '구제'하면 성노동자들은 훈육을 받게 되고 착한 여성으로서 올바른 역할로 되돌아가게 된다. 이런 일은 거대 민간단체만 하고 있는 게 아니다. 한 사람의 여성을 구제하는 임무는 인터넷과 거대 개신교회에서도 별안간 등장했는데, 그들은 구제된 성노동자들이 만든 양초와 보석을 팔아 스스로를 도울 수 있다고 주장한다. 이 직업들은 기술적으로는 성산업 외부에 존재하지만 구제된 노동자들이 공급되지 않으면 양초도 없고 양초를 만들 값싼 노동력도 제공되지 않는다. 구조자들이 운영할 프로젝트도 마찬가지다.

성노동자들의 노동이 평가절하받는 동시에 이에 대한 수요가 있다는 것은 우리가 왜 성노동이 **노동**이라고 주장하는지에 대한 이유다. 그러나 이 주장을 성노동은 그것이 '좋은' 노동인 한 노동이라거나 그 일을 무척 좋아하는 한 노동이라고 하는 무비판적인 생각과 혼동해서는 안 될 것이다. 성노동자들은 자신이 가진 직업에 애정을 보여야 한다고 기대받는 것에 익숙할지 모른다(노동조합이 만들어져 있는 구경집peep show인 러스티 레이디Lusty Lady 관리자가 이 직업은 '재미'를 위한 것이라는 말을 노동계약서에 넣으려고 했는데 댄서들이 이를 거부했다). 성노동자들이 그 일을 즐거워해야지만, 그 일을 사랑해야지만, 그 일에서 힘을 얻어야지만 일터에서 권리를 가질 자격을 획득한다는 주장은 명백히 퇴행적이다. 왜냐하면 그런 주장은 그 일이 결코 그렇지 않다는 것을 확실히 해두려는 요구에 불과하기 때문이다.

6장_ 구경 구멍

거대 성매매 업소Big Brothel가
당신을 감시하고 있다.◆

—『코요테가 운다COYOTE Howls』(1977)에 인쇄된
마고 제임스의 FBI 문서 패러디 홍보물

◆ "Big brother is watching you(감시기관이 당신을 감시하고 있다)"라는 말의 패러디.

〈클루트〉는 콜걸 역할을 한 제인 폰다를 일약 스타로 만든 영화다. 폰다는 이 영화로 오스카상을 받았다. 영화에서 그녀는 칵테일 라운지에서 짝을 바꾸는 동안 내내 등이 깊게 파인 반짝이는 은색 거울 같은 드레스를 입고 있다. 그녀가 등장하기 전에 우리는 어떤 남자가 몰래 녹음한 그녀의 목소리를 먼저 듣게 된다. 영화가 시작되자마자 들려오는 이 목소리는 호객행위를 하는 쪽의 것이다. 그녀는 고객에게 좋은 시간을 보낼 거라고 확신시킨다. 우리는 그녀의 목소리를 듣고 테이프는 감긴다. 그런 후 이제 우리는 그녀가 고객과 나누는 사적인 대화를 엿듣게 된다. 우리는 우리가 무언가를 알고 있다고 생각할지 모른다. 그러나 우리가 배우는 거라고는 콜걸을 아는 길은 우리가 듣고 있다는 사실을 그녀가 모를 때뿐이라는 것 정도다. 대안은 그녀를 참여시키거나 그녀의 동의를 구하는 것이다.

이것이 우리가 〈클루트〉에서뿐만 아니라 『쾌락을 아는 여자의 기억 Memoirs of a Woman of Pleasure』부터 『뉴욕타임스』의 니콜라스 크리스토프에 이르기까지 성매매를 다루는 매체에서 성노동자를 알게 되는 방식이다. 우리는 그녀가 고객에게 자신을 표현하는 말과 몸짓에 대한 저자의 해석을 통해서만 그녀를 알 수 있다. 소설가, 기자, 연구자의 눈은 물리적으로든 가상으로든 그녀가 기대고 있는 창문 너머에 있다. 이것은 '이전'의 그녀 삶의 원래 이야기에서 벗어나 붉은 불빛, 침대, 남자, 돈과만 관련되어 있다. 다른 모든 것은 프레임 밖에 있다. 프레임 안에 있는 것이 그녀의 모든 것이다. 그녀가 그것들에 등을 돌릴 때까지.

우리가 갖게 되는 이미지는 그것이 아무리 제한적이라 하더라도 〈클루트〉가 우리에게 보여주는 것들이다. 한 여성의 삶의 특정한 순간을 테이프에 담아 반복해가면서.

성노동자를 아는 방법에는 감시와 법집행, 공공 서비스 제공자나 연구자 등이 행하는 관찰과 정보수집 과정에 몰래 훔쳐볼 기회가 결합되어 있다. 심지어 감시받는 가운데서도 언제 어디서나 우월하다고 여겨지는 외부 전문가들의 매개 없이는 성노동자 자신의 말은 신뢰받지 못한다. 그처럼 감시하는 이유는 대중이 성노동자들의 삶을 더 잘 이해할 수 있도록 돕기 위한 게 아니라 성노동자들이 대중에게 미치는 피해를 조사하기 위한 것이다.

에이즈는 그 같은 조사를 유발시킨 계기가 되었지만 그 조사가 오해로 점철된 증거에 기반을 두고 진행된 탓에 성노동자들은 누구보다 먼저 희생양이 되었다. 그들이 대중에게 위험을 끼칠 '질병 매개체'로서만 취급되었기 때문이다. 이 대중이란 돈을 지불하고 성을 산 남자들의 가족들이다. 역사학자 멀린다 셰터버트Melinda Chateuvert는 『성노동자들 단결하다Sex Workers Unite』에서 이들의 "'성매매 연구'에서 연구 참가자들은 성노동자일 필요가 없었다. 연구에 자원한 180명의 여성 대부분은 단 한 번도 성노동을 해보지 않은 이들이었다"는 점을 지적했다. 1986년의 연구는 전염과정을 추적하는 대신 여성들 사이에 그 바이러스가 얼마나 퍼져 있는지를 연구했다. 이에 더해 "남성 에이즈 연구자들이 여성들의 바이러스 감염을 추적하는 연구에 대해 들었을 때 그들은 그 대상이 매춘 여성들이라 여겼다"고 덧붙였다. 이 상황은 언론과 대중의 환상 안에서 그 자체의 생태계를 만들어냈다. 이보다 이전에 매춘 후 HIV 바이러스에 걸렸다고 보고한 열 명의 군인을 상대로 실시한 월터 리드Walter Reed의 연구는 매춘 여성이라고 간주된 여성들이 이성애적 성관계를 통해 남성들에게 HIV를 옮기는 증거로 끼워 맞춰졌다. 셰터버트는 "월터 리드 박사는 매춘 여성들이 질병 매개체임을 확신했다"면서, 리드 박사의 선입견은 명백히 잘못된 것임에도 그런 인식은 여전히 강력하게 유지되고 있다고 썼다.

에이즈 위기 시기의 공포로부터 멀어지면서 새러 슐먼이 '진행 중인 에이즈'의 시대라고 부른 시기로 이동함에 따라 새로운 성노동 공포의 장이 된 것은 인터넷이다. 언론과 정치인들이 말하는 신기술은 역사상 한 번도 있어본 적이 없는 새로운 형태의 성상업 형태가 가능해지도록 만들었다. 그리고 성노동을 뒷받침하는 기술혁신이 확산됨에 따라 언론과 정치인들은 새로운 형태의 감시를 정당화하기 시작했다.

보이지 않는 여성들

매춘인은 알몸이며 (늘 대기 중이라 여겨지며) 보이지 않는 여성, 목소리 없는 여성, 대중에게 감춰진 여성으로 상상된다. 나는 '상상된다'고 말하고 있다. 그리고 이 상상에는 많은 사람이 참여하고 있고 이를 위해 자원을 쏟고 있다. 어릴 적 전화번호부를 뒤적거리며 'E'란을 넘기다가 에스코트 광고를 봤던 것을 기억한다. 실제 여자 사진도 없었고 아무런 분명한 정보도 없었다. 에스코트 광고는 삽화로 그려져 있었다. 한 여성이 긴 가운을 입고 한쪽 어깨를 드러낸 채 있는데, 어깨까지 드리운 머리를 한 그 백인 여성은 손가락을 입에 대고 있었다. 배경에는 달이 그려져 있었던 것 같다. 시대를 드러내는 또 다른 흔한 요소인 립스틱 자국도 있었다. 그때는 1980년대였고 전화번호부 디자이너는 그 시대적 배경 안에서 그림을 그려야 했을 것이다. 아무도 단지 에스코트를 위해 삽화를 만들어내지는 않았다. 그러니 여성, 매력 혹은 계급을 나타낼 수 있는 모든 이미지가 뒤섞여 있었던 것이다. '엘리트', '사적인', '평균 이상의', 영구적으로 '비밀스러운' 등과 같은 말들이 아래위로 쓰여 있는 텍스트 위 립스틱과 맨살이 드러난 어깨 그림을 주의해서 본다면 그것이 무엇을 뜻하는지 해석할 수 있을 것이다. 무엇이든 자신이 원하는 바를 상상할 수 있는 것이다.

심지어 웹사이트에서 거의 무제한으로 재생산되는 총천연색 광고에서도 성노동자 본인은 등장하지 않는다. 거기에는 이유가 있다. 드러나고 싶지도 않고 신분증 내용이나 신용카드 정보 같은 지불 정보 등을 구매자와 연결해주는 제작자가 자신에 대한 기록을 보호해줄 것이라고 신뢰하지도 않기 때문이다. 그 결과 에스코트와 방문 댄서 대행사는 자신들과 한 번도 일해본 적 없는 여성들의 사진을 잔뜩 올려놓게 된다. 그리고 단독으로 일하는 에스코트와 모델은 긴 머리, 작은 젖가슴, 둥근 엉덩이, 짙은 피부색의 다리 등 특히 홍보 요소에 도움이 된다고 각자가 밀고 있는 자신의 몸 일부만을 사진으로 찍어 올려놓는다. 어떤 성노동자들은, 특히 가끔씩만 일하는 성노동자들은 실제로 일하는 동안에만 그런 사진들을 인터넷에 남겨놓고 싶어한다. 대부분의 성노동자는 노출을 최소화하고 사생활을 지키면서 생계를 꾸리고 싶어한다.

내가 처음 온라인 성노동 광고를 봤을 때, 나는 경찰이 그런 것을 용인하고 있다는 사실이 믿기지 않았다. 광고 형태도 다양했다. 슬라이드쇼 형태로 만들어져 겉모습이나 테마만 볼 때 비싸 보이는 고급스러운 사진도 있었고, 일반 모텔방 거울에 비친 자신의 모습을 직접 찍어 자기 전화번호를 적고, 송신자 전화번호가 뜨지 않게 되어 있는 전화로는 전화 걸지 말라는 내용이 급하게 쓴 듯 몇 줄 적혀 있는 것도 있었다. 그리고 좋아하는 책, 신발, 식이요법 등이 자세하게 열거된 웹사이트 포트폴리오도 있었으며, 단 한 개의 이목을 끄는 사진과 이메일 주소가 적힌 모호한 유인물도 있었다.

물론 경찰은 이 광고들 또는 이 창조적인 범람에 관심을 가지고 있다. 온라인 광고는 성노동자들의 활동을 감시할 수 있게 해주고 함정수사 목표물이 될 만한 대상 목록을 안정적으로 제공해준다. 그것들은 경찰들로 하여금 성노동자들이 일할 때 사용하는 이름, 사진, 휴대전화번호, 위치, 제공하는 서비스 내용, 가격, 서비스 제공시간 등에 대한 데이터베이스를 구축할 수 있게 해준다. 어떤 때는 성노동자들이 위험한 고객 명단 목록을 올려놓기도 하는 내부자용 인터넷 게시판에 접근하기 위해 고객으로 가장하기도 한다. 일반적으로 해왔던 순찰로는 이 많은 성노동자를 경찰의 그 같은 체계적 감시망에 즉각적으로 포획하지 못한다.

그럼에도 여전히 온라인 광고 거래는 성노동자들에게 이런 위험을 감수할 만큼 가치 있는 것이 되었다. 우리는 아파트에서 아파트로, 이

구석에서 저 구석으로 일하는 여자들을 뒤쫓는 경찰과 쥐와 고양이 놀이를 할 줄 안다. 한 번은 세계 최대의 무료 포털사이트인 '크레이그리스트'가 대상이 되었다. 그러자 성노동자들은 즉각 광고사이트인 '백페이지Backpage'로 옮겨갔다. '백페이지'는 한때 취약한 언론매체였던 『마을 목소리Village Voice』라는 신문을 발행하던 '마을 목소리 미디어'가 운영하는 사이트였다. 그러자 크레이그리스트를 비난하던 경찰, 보수주의자, 반성노동 페미니스트로 구성된 그 연합체도 역시 '백페이지'로 따라왔다. 그들의 목적은 성노동자들이 광고를 싣고자 하는 어떤 곳에도 광고를 싣지 못하게 만드는 것이고, 결과적으로 성노동 업종에 종사하는 이가 누가 되었든 그들의 사업비용을 올려놓는다.

저널리스트 니콜라스 크리스토프는 『뉴욕타임스』에 "어떻게 포주들이 소녀들을 팔기 위해 웹사이트를 이용하는가"라는 제목으로 '백페이지' 비판 칼럼을 썼는데 칼럼 수가 12개가 넘는다. '당장 평등'은 "『마을 목소리』가 소녀들과 여성들에 대한 강간과 착취에 공모하는 일을 중단해야 한다"며 청원을 넣었다. '크레이그리스트'는 반성매매 캠페인 활동가들로부터 '성교역의 월마트Wallmart'라 불렸는데 무슨 근거로 그런 주장을 하는지는 놔두고라도 누가 먼저 그런 주장을 하기 시작했는지도 추적하기 어렵다.

그들은 누군가가 '팔리고 있다'는 것은 끔찍한 일이라고 주장한다.

이것은 그들이 어떻게 그 광고를 묘사하는지를 보여주는데, 마치 판매자와 구매자가 그 웹사이트를 인간을 교환하기 위해 활용하는 양 말하고 있는 것이다. 그들은 광고 속 사람 자신이 판매자일 수 있다는 점을 알지 못한다. 그리하여 마치 광고를 통해 사고파는 '물건'과 광고시장이 동일한 것인 양 광고제작자들에게 자신들의 괴로움을 쏟아붓고 있다. 비난할 포주와 인신매매범이 없으니 광고제작자를 목표물로 삼은 것이다. 제시된 해결책은? 이제 광고제작이 사람을 파는 것과 동의어가 되었으므로 이 광고들이 사실상 그 광고에 나오는 사람들에게 어떤 실질적 이득이 되든 상관없이 광고를 못하게 만드는 것이다.

광고를 목표대상으로 삼는 선택은 반성노동 활동가들이 이 사업과 광고가 성노동자들의 삶에 미치는 영향이 무엇이라고 믿는지 보여준다. 거의 포르노적인 이 관심은 활동가들이 무엇을 진정한 위협으로 보고 있는지를 드러낸다. 바로 성노동의 가시성이다. 광고에 대한 그들의 근심은 광고 안에 있는 사람들이 일을 하는 동안 어떤 대우를 받을 것인지에 대한 관심보다는 성노동을 바라보는 자신들의 부정적 감정을 표현하는 것에 더 치우쳐 있다. 반성노동 개혁가들은 이 광고들 뒤에 있는 이야기되지 않은 끔찍한 것들을 상상하는 일 자체가 견딜 수 없다고 말한다. 그리고 누구도 이 광고를 올리지 못하도록 반드시 이 문제를 해결하겠다고 큰소리친다.

이런 요구를 통해 개혁주의자들은 성노동자들로부터 자신이 하는 노동에 대해 스스로 결정할 수 있는 힘을 앗아간다. 인터넷은 성노동자들이 고객과 직접 접촉할 수 있는 가능성을 높여서 자신이 하는 일에 대해 통제할 기회를 열어주었지만 동시에 그것은 법집행자, 정치인, 반성노동 주장자들에게 매우 잘 드러나 그들의 공격에 취약할 수밖에 없는 공격장소를 제공하고 있기도 하다. 그들은 광고대행사들에 광고를 실어주지 말라고 요구하면서 자신들이 성노동자들을 '보호'한다고 주장한다. 그러나 노동자들에게 광고를 올릴 곳을 잃는다는 것은 곧 일에 대한 협상력과 통제력을 잃는 것을 의미한다.

이 전략은 지금까지 계속되고 있다. 2012년 12월, 『마을 목소리』는 성인 광고를 실을 경우 '얼굴 사진'이나 성노동자의 얼굴이 분명하게 보이는 사진 외에는 싣지 않도록 제한하겠다고 발표했다. "맨살.『마을 목소리』가 그것에 반대하는 것은 아니다. 사실 우리는 그것이 살아 있음을 보여주는 가장 훌륭한 부분이라고 생각한다. 그러나 이제부터는 맨살이 이전보다는 덜 실리는 것을 보게 될 것이다. 우연히 이렇게 된 것은 아니다"라며 새로 부임한 담당자가 성명서를 통해 말했다. 그 성명서는 '우리 몸은 우리의 것'이라는 이름의 한 페미니스트 기관(혹은 심지어 구글)에서 심사를 받은 것이었다. 『마을 목소리』가 성노동의 존재에 반대하는 사람들에게 굴복했다는 것 자체도 매우 개탄스러운 일이다. 그러나 광고를 싣고 싶은 성노동자는 얼굴을 보여야 한다니? 편집자의 글은 다음과 같이 이어진다.

『마을 목소리』의 많은 구성원이 이런 광고가 사라졌으면 하고 바란다. 그리고 사실 온라인으로 계속 이전하고 있어서 곧 그렇게 될 것이다. 새로운 규칙이 이런 유의 고객들에게 좋게 비치지는 않을 것이라는 점은 의심할 여지가 없다. 그 점은 우리가 기꺼이 감당할 것이다.

학대나 법적 위협과 함께 『마을 목소리』가 성노동자들로 하여금 감당하게 만든 것은 얼마나 비싼 것인가? 그것은 사실상 '우리의 몸'이다.
이 전략이 활동가들에게 그리 쉽게 결과물을 만들어주지 않는 곳은 법원이다. 그들이 성노동자들이 온라인 광고를 할 수 있는 장소를 대상으로 통과시킨 몇 개의 법률은 '백페이지'뿐만 아니라 '첨단 전자 기록보관소Eletronic Frontier Foundation'가 대표하는 '인터넷 아카이브Internet Archive'로부터도 항의를 받았다. 워싱턴의 한 판사는 성노동 광고에 반하는 법이 너무 포괄적이어서 온라인상에 올라오는 모든 발언의 자유를 침해할 소지가 있다는 점을 발견했다. 이와 유사한 이유로 테네시의 한 판사는 '성 인신매매' 유의 광고에 초점을 맞춘다 하더라도 모든 성노동자의 광고를 공격하는 근거가 될 가능성이 있기 때문에 "테네시

주는 수술용 칼이 필요한 문제에 소잡이용 칼을 쓰지는 않을 것이다"
라고 선언했다.

활동가들이 성거래의 증가와 그로 말미암아 빚어질 수 있는 해로움을 들며 '크레이그리스트'나 '백페이지' 같은 사이트들을 비난하는 행위가 성노동자들을 **위한** 일일지라도 그들은 그런 일을 성노동자들과 **함께** 하지는 않는다. 반성노동 캠페인은 성노동자들의 이미지를 증거로 활용한다. 그렇지만 성노동자들 본인은 무시된다. 성매매는 매춘인의 존엄함을 지킨다고 자임하는 이들을 통해 상상된다. 매춘인은 자신을 위해 스스로 말할 수 없다. 따라서 많은 번역자와 대변인을 필요로 한다. 반성매매 페미니스트들은 성노동자들의 광고를 봉쇄하려 해왔을 뿐만 아니라 그 광고들을 자신의 활동을 의미 있게 만드는 정보로 왜곡해왔다.

애틀랜타에 있는 풍부한 상상력이 동원된 그럴싸한 이름을 가진 단체인 '어느 과거가 아닌 어느 미래A Future, Not A Past, AFNAP'는 한 시장 조사 업체를 고용해 '크레이그리스트'에 실린 성매매에 대해 연구하게 했다. '샤피로 그룹The Schapiro Group'이라는 회사를 위해 일하는 '연구자들'은 성매매에 대해 조사해본 적이 한 번도 없었다. 그들은 온갖 광고를 세밀히 조사하고, 사진과 텍스트들을 속속들이 살펴보고, 오직 이 내용에 기반을 두고 광고에 올라온 개개인의 연령을 추정했다.

'크레이그리스트' 광고는 하루에도 몇 번씩 반복해서 올라올 수 있다는 점이나 각 광고가 반드시 한 개인 또는 어떤 진짜 개인과만 연관되어 있지는 않다는 점 등은 고려되지 않았다. 모형과 반복 광고는 사업의 일부다. 이 점은 간과되었거나 아니면 아예 관심사가 아니었는지, AFNAP는 후드티를 입고 풀 죽은 채 고개 숙이고 있는 한 젊은 여자의 사진에 "우리나라 어린이들의 매춘을 중단하라"고 적힌 사치스럽게 만들어진 '연장세트'를 가지고 그들이 조사한 내용을 홍보했다.

'길거리 활동'과 '호텔'에 대한 감시뿐만 아니라 '크레이그리스트'에 대한 이런 아마추어 같은 기록에 근거해 AFNAP는 조지아 주에서 훨씬 강력한 반성매매법이 입안되도록 조지아 주 입법부에 조사보고서를 제출했다. 여기에는 "매달 약 100~115명의 소녀들이 '크레이그리스트'를 통해 거래에 나온다"는 내용을 포함해 "조지아에서 매달 200~300명에 달할 만큼 많은 어린 소녀가 상업적으로 성적 착취를 당하고 있다"는 주장이 실려 있다. 그들이 활용한 '방법론'은 '여성기금 네트워크Women's Funding Network'로부터 지원을 받으며 미네소타, 미시건, 뉴욕에서도 활용되었다. 이 단체의 대표인 데보라 리처드슨Deborah Richardson은 '크레이그리스트'를 조사하고 있던 사법부 소위원회 앞에서 "지난 6개월 동안 온라인으로 매매된 미성년 여성의 수는 세 개의 다양한 주에서 기하급수적으로 증가했다"고 주장하며 그 숫자를 언급했다. 그녀는 이 '기하급수적' 증가가 실제 보고된 미성년 매매 사례에 근거한 것이 아니라 '샤피로 그룹' 연구원들이 어려 보이는 여성들의 사진을 가지고 만든 가짜 에스코트 광고에 얼마나 많은 남성이 답변을 보냈는지를 센 숫자에 근거한다는 사실은 언급하지 않았다. 연구자들이 몇 주 동안을 마치 고객이 그렇게 하듯이 홍등가 광고를 클릭질하며 돈을 지불했음에도 그런 식의 작정한 홍등가 구경은 과학이라는 이름의 광채를 얻었을 뿐이다.

홍등가의 이웃들

홍등가 구경과 유사하지만 좀더 나은 것이 새뮤얼 델러니Samuel R. Delany가 내부자의 시각으로 쓴 내용일 것이다. 디즈니가 들어오기 직전인 최후의 순간에 타임스스퀘어 지역을 참여·관찰한 그의 글은 내부자들에 대한 것이며, 그들을 걱정하는 이들에게 그 내부가 무슨 의미인지에 대해 알려주고 있다. 그 글은 마치 포르노 연극 같다. 『붉은 타임스스퀘어, 파란 타임스스퀘어Times Square Red, Times Square Blue』는 다양한 노동 형태와 지점들—극장, 포장마차, 카메라 상점, 구두닦이점, 허슬러—그리고 자신을 포함해 자주 만나는 사람들의 종류, 포르노 극장에 대한 그의 솔직한 열정과 그 극장들에서 만나는 익명의 성적 만남에 대해 묘사하고 있다. 델러니에게 홍등가 지역의 가치는 한때 42번가 서부와 8번가 주변 거리들의 것과 같다. 홍등가는 계급을 초월한 만남(육체적·정신적·영적 만남)의 가능성을 의미한다.

나는 홍등가 한 군데에서밖에 일해보지 않았는데 샌프란시스코 북쪽 해변이었다. 그곳에는 스트립쇼 클럽과 포르노 가게가 여전히 점점이 흩어져 있다. 모두들 남서부 끝에 있는데 그곳은 앨런 긴스버그Allen Ginsberg의 『신음Howl』을 제작하고 비호한 전설적인 책방 '시티 라이트 서점City Lights Bookstore'과 주크박스, 할 일 없이 하루 종일 신문을 읽는 노인에 관한 오페라를 상영하는 북동쪽 언덕 위에 있는 '카페 트리스테Caffe Trieste'가 계승하고 있다. 브로드웨이, 커니, 스톡턴 사이의 경사진 거리에는 관광객들이 들이닥쳐 마늘과 장미가 늘어뜨려져 있는 색다른 이탈리아 식당들과 닭 한 마리가 통째로 창가에 매달려 있는 덤플링 가게들 사이를 오간다. 보라색 네온사인은 성매매 업소임을 알리는 표식이고 양옆으로는 유스호스텔, 술집, 간이식당과 카페가 있다. 그곳에서 우리는 모두 이웃들이다.

'헝그리 1번지Hungry 1'나 '러스티 레이디' 또는 '에덴 동산Garden of Eden' 안에서 무슨 특별한 일이 일어나고 있는지는 잊고 함께 있는 이

웃에게 감사한다. 일하러 오갈 때 버스를 타고 휴식시간에 '해피 도넛 Happy Donut'에서 크루아상을 사거나 '골든 보이Golden Boy'에서 또 하나를 사거나 집으로 오는 길에 골목 모퉁이 가게에서 잡지나 면도기를 살 수도 있다. 낮이고 밤이고 일하는 시간 내내 일터 밖에서 사람을 만날 수 있는 기회가 당신에게 있는 것이다. 시내에 있는 번화가로 차를 몰고 나갈 필요는 없다. 동네에 머물 나무랄 데 없는 이유들이 있다. 이 도시에서 당신은 당신 모습 그대로 익명성을 유지할 수 있는 동시에 안전하다. 동네에 속한 다른 어느 누구와 마찬가지로 당신은 그 길에 있는 또 한 명의 눈을 가진 이웃인 것이다.

'크레이그리스트'의 '에로틱 서비스' 난이 성노동자들이 고객을 찾는 광고를 올릴 수 있는 최초의 웹사이트는 아니었다. 그러나 그 난은 이전에 있어왔던 홍등가를 매우 많이 닮은 최초의 웹사이트였다. 타임스스퀘어에 성 관련 업소들만 있었던 건 아니다. 델라니가 포착했듯, 저가 전자제품 상점과 보석상, 1인 숙박호텔, 비공식적으로 성을 파는 거리의 노동자들, 케밥과 신문을 파는 이들 등에게 그 동네는 다양성의 집이었다. '크레이그리스트' 같은 사이트가 성 상업광고 공간을 제공하는 것보다 더 위협적이었던 이유는 아마도 그런 광고가 다른 종류의 생산품이나 서비스 광고와 나란히 실렸다는 점이리라. '크레이그리스트'는 성산업을 격리시키는 대신 성노동자들을 이웃으로 만들었던 것이다.

그런데 이 점을 먼저 고려해보자. 모든 성산업은 기술과 함께해왔다. 전기가 자동화 제품을 허용하기 전에 최초의 구경 쇼는 촛불 아래에서 이뤄졌다. 전화 혹은 전보가 나오기 전에 매춘인들은 종이명함을 들고 다녔다. 고대 그리스에서 특정 계급의 매춘인들은 신발 바닥에 "따라오세요"라는 글을 새겨 넣어 길에 발자국을 남겨 고객을 찾았다. 매매춘 자체가 때로는 섹슈얼리티를 조직하기 위한 시스템 이상의 기술이자 소통체계였다. 그것은 신호를 보낸다. 머릿속에 있는 홍등가를 1분간 걸어보라. 성행위는 보지 못할 것이다. 단지 뜨거운 붉은 불꽃만이 보일 것이다.

'홍등가'라는 말도 우리가 알기로는 소통 관행에서 나왔는데 20세기 무렵 남성 철도노동자들로부터 비롯되었다고 한다. 이들은 업무를 쉬는 동안 함께할 여성을 고용했는데 감독이 일하러 오라고 부를 때를 대비해 자신들이 고용한 여성들의 문밖 발치에 빨간 신호등을 놓았다고 한다.

이제 우리가 홍등가에 대해 들을 때 그 내용은 대부분 성적 서비스를 팔거나 사는 사람들로부터 직접 듣지 않는다. 당신이 오늘날 홍등가에 대해 듣게 되는 것은 감시 계급(경찰과 정치인, 연구자와 기자)들로부터다. 그들의 입에서 온라인 홍등가가 인터넷 상업 활동의 하나로 묘사되고 가치중립적인 것으로 이야기되는 경우는 거의 없다. 그 이야기는 상업적 성의 문제적 성장과 확산에 대해 전달하게 되어 있다. 그러나 상업적 성이 증가한다는 주장의 근거는 거의 제공되지 않는다. 그런 주장이 제시하는 증거는 동어반복에서 나오며 감시를 통해서만 상황의 일부를 알 수 있는 이들에게 호소력을 갖는다. 인터넷은 성을 파는 것을 더 쉽게 볼 수 있게 만들고, 따라서 성을 팔고 사는 사람들의 수를 증가시키고 있음에 틀림없다. 왜냐하면 지금 그것을 우리가 더 많이 보게 되었기 때문이다. 그러나 진실은 인터넷이 어떻게 상업적 성시장을 확장시키고 있는지, 그것이 사실이기나 한지 우리가 알지 못한다는 것이다. 분명한 사실은 인터넷이 더 많은 외부인이 성노동자들을 몰래 들여다볼 수 있게 한 것만은 확실하다는 점이다.

집을 떠나지 않고도 인터넷 서핑을 통해 남들 눈에 띄지 않고 성매매 업소를 드나들 수 있게 됨으로써 우리가 상업적 성의 어떤 진실에 접근하게 되었다고 상상하는 것은 유혹적이다. 웹사이트가 있는데 왜 신문 뒷면에 있는 광고를 (이제는 많이 있지도 않은데) 뒤적거리겠는가? 지금은 홈페이지에 들어가 모자이크 처리된 여성들의 사진에 마우스를 올리면 움직이기 시작하고 배우들이 어디에 있든 지구 어디에서나 바로 지금 여기에서 생방송으로 섹스쇼를 볼 수 있는 동영상 비디오가 수두룩하게 제공되는 'LiveJasmin.com'을 클릭하며 돌아볼 수 있는 시대다.

이 사이트의 디자인과 젊은 여성의 실시간 나체쇼 시장은 그곳에 웹캠을 설치했을 대체로 젊은 여성들이 언제나 항상 그곳에 있고 대기 중인 듯 보이게 만든다. 어떤 여성들은 당신을 (또는 자신의 웹캠을) 똑바로 쳐다보지만 옆을 보고 있는 이들도 많다. 그러나 당신을 피하는 것이 아니라 컴퓨터 스크린 속으로, 관객이 은밀한 쇼를 사는 중간중간 돈이 지불되지 않는 시간 동안 어떤 다른 곳에 시선이 가 있을 뿐이다. (구경쇼에서 성노동자들은 라디오를 듣는 등 상당 시간을 때우며 고객이 입장하면 발가락으로 라디오 볼륨을 줄이고 몸가짐을 다시 고친다.)

관음증을 위한 기회가 당신에게 제공되는 생산물일 때, 한 푼도 내지 않은 이가 이리저리 당신 몸을 훑어보는 것을 참아내기란 마치 도둑질을 당하는 느낌이 드는 일이다. 쇼 배우가 무료로 보여주어야 하는 어느 정도의 양이 있지만 거기에도 선이 있다. 각각의 노동자들은 그 선을 알고 있고 고객이 될 사람이 보이는 관심과 시간만 낭비하게 만드는 '찌질이'를 구분할 줄 안다. 성산업에 들어온 이들에게 마우스나 까딱거리는 게으름뱅이들, 특히 돈을 지불하지 말아야 한다거나 지불해서는 안 된다고 생각하는 이들이 바로 '찌질이'로 취급될 가능성이 많다. 예의범절을 지킨다는 것은 아무런 변명이 되지 못한다. 줄 만한 것(돈)이 있다는 건 당신을 홍등가의 좋은 시민으로 만든다.

구경쇼와 포르노 극장, 길거리 성노동, 그중에서도 다목적 시설이 많은 동네에서 이뤄지는 길거리 성노동은 온라인 광고와 실황중계 웹캠 사이트들로 대체되고 있다고 할 수 있다. 그러나 더 중요한 점은 성산업을 위태롭게 만든 도시 고급화의 결과로 한때 누군가는 집이라고 불렀던 공간들이 없어진 가운데 온라인 성시장이 넘쳐나고 있다는 사실이다. 물리적 공간들은 사라지고 이제 다시는 존재할 수 없을지도 모른다. 익명의 성적 만남은 이제 점점 디지털 영역 안에서 매개되고 있다.

그 매개는 온라인 홍등가에 대해 만들어지고 있는 신화의 힘을 증강시킨다. 그것은 어떤 하나의 고정된 장소가 아니라 신호와 호객의 네트워크다. 18세기에는 매춘 여성이라고 추정되는 이들을 일컬을 필요가 있을 때 '공유여성'이라는 점잖은 용어가 있었다. 공유여성들에게 이제 공적인 것으로 남은 건 무엇인가? 깜빡이는 'LiveJasmin'의 첫 화면에서 대중은—한때 상상되었듯이 그저 가스불빛만을 가지고— 그 조명이 밝혀주는 몸들, 그들이 동전을 던져 넣어 살아 움직이게 만들 몸들이 오직 그들을 기다리고 있다는 상상을 하게 된다.

결국 인터넷뿐만 아니라 이 모든 것이 온라인 홍등가를 움직인다. 성노동자들을 감시하는 행위에 대한 믿음, 온라인 호객, 규제와 자본을 통해 실재했던 홍등가가 고급화되는 것은 어찌 보면 모두 동일한 하나의 흐름인 것이다.

　이제 상업적 성에 관여하지 않는 이들, 일반 대중이라고 통상 알려져 있는 대다수가 물리적 세계에서 실제로 성노동자를 만날 일은 전에 비할 바 없이 훨씬 적어졌다. 그리고 이들이 성노동에 대해 알게 된 모든 것이 성노동자가 고객을 위해 쓴 홍보문구에 근거할 가능성은 이전보다 더 높아졌다.

　온라인 홍등가의 시대에 이제 우리 모두는 고객이 되었다.

7장_ 낙인

그러니 나는 이것을 왜 쓰고 싶어했던가?
왜냐하면 성산업에 대해 쓰인 것들이
이미 너무나 많기 때문이다. 나는 알고 있다.
왜냐하면 춤을 추기 시작하기 전에 그것에 대해
내가 읽을 수 있는 모든 것을 읽었기 때문이다.
불행히도 거기에 쓰인 많은 내용이 오도된 것이다.
대부분의 문헌이 성노동을 신비화하거나
아니면 악마화한다.
성노동이 어떤 것이었는지 또는
당신에게 무슨 일을 하는지에 대해서는
아무것도 쓰이지 않았다. ……
내가 나 스스로를 돈을 벌기 위해
내가 하는 일로써 규정하는 것을
너무도 싫어하는 만큼이나
나는 이 글을 써야만 했다.
그런 후에야 아마 다른 이야기를 쓸 수 있게 될 것이다.

—자넷 모크, 잡지 『로켓 여왕*Rocket Queen*』

모든 여성이 '창녀 낙인'이 찍힐 수 있는 조건 속에서 살고 있다는 이론을 최초로 제시한 이는 바로 창녀들이었다. 창녀 낙인은 페미니스트적 개입으로 제안된 이론이다. 이 이론은 왜 단 하나의 보편적인 여성 계급이란 존재하지 않는지를 보여주는 또 하나의 이유를 제시해준다. 게일 페터슨Gail Pheterson은 1996년에 『매매춘이라는 프리즘The Prositution Prism』에 같은 제목으로 실은 글에서 "창녀 낙인은 여성다움 자체에 부착된 것이 아니라 변칙적인 혹은 금지된 여성다움에 부착된 것이다. 다시 말해 여성으로 존재한다는 것은 '창녀'라는 표식의 전제조건이기는 하지만 전적인 조건인 적은 한 번도 없었다"라고 적었다.

이는 성노동을 하지 않는 많은 이의 경우에도 마찬가지다. 성노동자들은 질 네이글이 '강제적 덕성compulsory virtue'이라 명명한 것을 어기고 있거나 어겼다는 이유로 창녀라는 낙인이 찍힌다. 이 표현은 에이드리언 리치Adrienne Rich가 '강제적 이성애compulsory heterosexuality' 때문에 레즈비언의 존재가 드러나지 않게 된다고 주장하면서 명명한 용어를 재활용한 것이다. 네이글은 창녀 낙인이 "덕성을 갖추기 위해서뿐만 아니라 덕성이 있는 것처럼 **보이기** 위해 필요"하다고 썼다. 강제적 이성애의 경우에서처럼 강제적 덕성은 일련의 행동, 다시 말해 남자와 성교하기, 그것에 대해 조신하게 구는 착한 소녀 되기 등을 만들어내는 것과 연관되어 있을 뿐만 아니라 사회적 통제체제(퀴어 처벌하기, 창녀 구금하기)를 구축하는 것과 연관되어 있기도 하다. 네이글은 "창녀에 대한 처벌이나 낙인 때문에 고통당하는 데 실제 창녀일 필요가 있는 것도 아니다"라고 말한다. 창녀 낙인이라고 불리는 것은 우리가 그것을 넘어설 수 있는 방법, 다시 말해 차이를 가치 있게 여기고 성거래 안팎에 있는 여성들 사이의 연대를 발전시킬 방법을 제시해준다.

성노동이라는 말과 함께 창녀 낙인도 명백하게 성노동자 페미니즘의 것이다. 성노동자 페미니즘은 오직 소수의 여성만이 성노동자이기 때문에 쓰일 수 있는 말이기도 하지만 거기에 더해 여성들 모두가 창녀 낙인과 협상하고 있음을 주지하는 페미니즘이기 때문에 쓰이는 것이기도 하다. 창녀연대행동은 창녀라는 용어보다 먼저 존재했다. 1982년에 '영국 매춘인 모임English Collective of Prostitutes, ECP'이 조직한 런던교회 점거 사례와 같이 말이다. 당시 ECP의 대변인이었던 셀마 제임스는 "우리는 검은 가면 50개를 샀다. 그렇게 하면 매춘 여성과 비매춘 여성이 서로 구별되지도 않고 신문에 실린 여성들의 얼굴이 위험에 처해질 일도 없을 것이다"라고 말했다. 그들과 나란히 교회

안으로 들어간 여성들은 '강간에 반대하는 여성들Women Against Rape'과 '가사노동에 대한 임금을 요구하는 흑인 여성들Black Women for Wages for Housework'의 구성원이었다. 이후에 제임스는 "우리는 우리의 안전에 대해 확신할 수가 없었다. 두 '존중할 만한' 여성단체에서 우리와 함께 해주어 무척이나 기뻤다"고 썼다. 창녀가 아닌 이들도 더는 창녀로 규정되고 싶지 않은 의지를 관철하기 위해 기꺼이 창녀와 더불어 들고 일어나 함께할 수 있었다.

이것은 성노동자 페미니스트들이 페미니즘 담론과 운동에 끼친 근본적인 기여 중 하나다. 창녀 낙인 아래 살고 있는 모든 이의 이름으로 창녀 낙인에 문제를 제기한 것이다. '헤픈 여자 모욕 주기slut shaming'에 대한 분노와 같이 좀더 온건한 형태의 대중화된 저항도 있다. 그렇지만 창녀 낙인찍기에서 헤픈 여자 모욕 주기로 중심이 이동하면서 우리가 잃게 된 것이 있다. 그것은 이런 유의 차별 때문에 가장 큰 피해를 입고 있는 사람들이 더는 중심에 설 수 없게 되었다는 점이다.

헤픈 여자 모욕 주기에 대해 어떤 페미니스트들은 거리를 두고 싶어 하기도 한다. 이 같은 반응은 위험해 보인다. 헤픈 여자 모욕 주기에 대한 저항이 갖는 결점은 구분하기라는 오류일 뿐이다. **"아니, 그 여자는 결코 헤프지 않아!"**라는 식으로 대응하는 것 말이다. 이는 강제적 덕성을 어기는 여성들, 너무 시끄럽고, 너무 많이 하고, 너무 말이 많고, 너무

검고, 너무 퀴어인 여성들에게 공격을 가하는 이들에게 초점을 맞추지 않고 헤픈 이들을 경멸받을 존재로 남겨둔다. **헤픈 여성**은 그런 평판에 영향을 받은 이들에게까지 관심을 갖게 할 수는 있겠지만 다른 한편에서는 창녀를 비가시적으로 만든다. 창녀 낙인은 여성들을 순결과 불결, 깨끗함과 더러움, 희고 처녀인 상태와 그렇지 않은 모든 상태로 양분함으로써 다시금 강화되어온 인종적·계급적 위계를 핵심으로 한다. 만약 여성이 타자라면 창녀는 타자의 타자인 것이다.

나는 여기서 이 세기 최초로 성노동자 활동가들이 전국적으로 모였던 때인 2006년 여름 라스베이거스에서 내가 본 최초의 '헤픈 여자들의 행진SlutWalk'(이하 '헤픈 행진'으로 옮긴다)을 염두에 두고 있다. '헤픈 행진'은 당시 아직 발명되지도 않았다. 토론토 경찰관 마이클 생귀네티 Michael Sanguinetti가 성노동자들에게 늘 보여온 경멸의 시선을 일군의 여대생에게 보이면서 "피해당하지 않으려면 헤픈 여자처럼 입고 다니지 말라"라고 설교했던 날보다 4년도 전에 있었던 일인 것이다. '헤픈 행진'은 샌프란시스코와 런던의 매춘인들과 달리 애당초 경찰이 자신들의 목소리를 들어줄 것이라 여겼던 여성들이 들고일어난 것이기는 했지만 그 나름대로는 경찰의 희롱에 대한 저항이었다.

'헤픈 행진'에 대해 최초로 드러내놓고 비판했던 이들이 비백인 여성들과 성거래업에 종사하는 여성들이었다는 사실은 놀랄 일이 아니다. '성관계하는 페미니스트 연합Crunk Feminist Collective'의 브리트니 쿠퍼Brittney Cooper는 '헤픈 행진'의 주장을 다음과 같이 해석했다.

나는 헤프다고 불리는 것에 대해 이 여성들이 보내는 고결한 분노에 머리를 맞은 듯했다. 수없이 많은 흑인 여성이 '헤프다'고 불려왔지만 나는 흑인 여성의 역사는 달랐다고 믿는데, 흑인 여성은 항상 성적으로 흥분해 있고 그것이 비정상적일 것도 없다고 인식되어왔던 것이다.

어떤 백인 여성들에게 헤프다는 것은 자신이 한 번도 상상해보지 않았던 경계를 횡단하는 것이다. 비백인 여성, 노동계급 여성, 퀴어 여성 등은 처음부터 그런 경계를 가졌다고 간주조차 되지 않았다.

성노동자들이 라스베이거스에서 직접 개최한 행진에서 시위자들은 그물, 가죽, 플라스틱 코르셋 상의, 번쩍이는 반바지, 긴 부츠, 밑창 두꺼운 구두 등과 같이 우리가 요즘 '헤픈 행진'과 연관 짓는 복장들을 입고 야생적인 머리 모양을 한 채 손으로 쓴 푯말을 들고 가슴과 배에 슬로건을 써넣었다(선배 페미니스트들—데모 소오오녀들riot grrrl, 혹은 적어도 데모 소오오녀들의 것이라고 유통되었던 사진들. 그 데모 소오오녀가 가까이 있었던 적이 있는 이들은 거의 없었다—이 했던 것에 대한 또 하나의 경의의 표현이었다). 성노동자들은 이 카지노에서 저 카지노로 행진하면서 조심스럽게 정돈된 라스베이거스의 인도를 점령해 관광객들과 그날 밤 일하러 나와 있던 훨씬 보수적으로 차려입은 몇 안 되는 성노동자들에게 전단지를 나눠주었다. 고객들을 위해 테이블과 라운지에서 일하고 있었다면 결코 할 수 없었을 테지만 시위자들은 그 순간은 옷을 잘 차려입고 들고나는 사람들을 감시하기 위해 카지노와 호텔에 고용된 남성들에게 큰 충격을 안겨주었다. 시저Caesars에서는 행진 내내 따라왔던 ACLU[American Civil Liberties Union, 미국시민자유연맹을 가리키는 것으로 보인다]에서 온 변호사가 개입을 했음에도 결국 떠밀려 나와야 했다. 그들이 창녀여서가 아니었다. 창녀는 라스베이거스 카지노에 출입이 허용되니까 말이다. 그들이 차지했던 공간, 즉 대중의 눈앞에서 창녀짓을 시연했는지가 문제였다. 바로 그 이유로 그들은 그곳에서 청소당한 것이다.

하루는 활동가이자 예술가인 새디 룬Sadie Lune과 성노동자 보건소인 성 제임스 진료소에서 온 한 현장지원 활동가와 함께 윈Wynn에서 그 며칠 전에 개최된 성노동 학회에 이어 열린 파티에 가는 길이었다. 엘리베이터 안내원이 우리를 가로막으면서 우리가 '파티'에 가는지를 물어왔다. 우리는 "맞아요" 하고 말했다. "하지만……" 하면서 그는 친절하게 설명하기 시작했다. 미리 전화를 했다면 VIP 엘리베이터를 탈 수 있게 미리 조정해뒀을 거라고 말이다. "아니, 아니에요. 우리는 그러려고 온 게 아니에요"라고 우리 중 한 명이 설명하기 시작했다. "그런 파티가 아니라……" 하고서는 곧이어 했어야 하는 말을 덧붙였다. "……그게 뭐가 잘못됐다는 건 아니고요."(그리고 그 남자가 우리에 대해 뭘 잘못 생각했다는 것도 아니고.) "하지만……" 하면서 우리는 모두를 위해 있지만 창녀를 위한 것은 아닌 엘리베이터를 탔다.

"그게 뭐고 또 당신과 무슨 상관인가"

대중이 가난하고 고통받는 창녀를 기대하게끔 길들여져 있을 때, 왜 커밍아웃을 하는 어떤 성노동자들은 결코 성노동자처럼 보이지 않는 이야기를 하려고 애를 쓰는지 그 이유는 분명하다. 그들은 얼마나 그 일이 자신에게 힘을 갖게 했는지에 대해 또는 그들이 어떤 생존자들인지에 대해서만 말하라고 요청받는다. 그들은 자신이 얼마나 착실하게 살아왔는지, 지금은 어떻게 하고 있는지, 자신이 얼마나 **다른지**, 그들이 누구든지 간에 **어린 여자애들**과 어떻게 다른지에 대해 청중을 설득해야만 한다.

종종 오직 헤픈 여자들을 모욕 주기 위해 "헤픈 여자 모욕 주기"라는 말을 쓸 때와 같이 이런 행위는 연대의식을 갉아먹는다. 이것은 무엇보다 순서 정하기 자체를 거부하지 않고 단지 섹슈얼리티와 젠더로 인해 추방된 이들을 괴롭히는 순서를 다시 정하는 일일 뿐이다. 우리 모두가 창녀일 수 있을 때 성노동 내부에서 처녀/창녀 위계를 재발명하는 것은 위험하다.

진실을 말하는 것은 집단적 비용을 초래할 수도 있다. 개별 성노동자의 이야기가 역사적 기록 전체를 고치라는 요구를 할 때 개별 이야기와 전체 역사 각각의 저항에 처하게 된다. "단순히 〈프리티 우먼〉이 아니에요!"라며 마치 몇 안 되는 영화 홍보 담당자들이 주장하는 것처럼 말이다. 그들은 "글쎄요" 하며 계속해서 말한다. 그리고 "그들 모두가 〈행복한 갈보Happy Hookers〉는 아니죠"라고 설명한다. 그러나 이 영화 속 인물들 중 누구도 실제 현실에서의 행복한 갈보들은 아니었다. 자비에라 홀랜더Xaviera Hollander가 1972년에 쓴 베스트셀러에서는 먼저 낡고 불만족스러운 아파트와 관계 그리고 저자에게 몰래 접근해 공모하는 추잡한 경찰로 가장한 추잡한 남자를 통하지 않고서는 그녀가 하는 업소에 발을 들여놓지도 못한다. 행복한 갈보가 실재한다는 신화가 지속되는 데에 가장 많은 책임이 있는 사람은 사실 그들의 비참함에 대해 이미 상당히 설득딩한 이들이다.

2010년 『뉴욕포스트』 표지에 등장했던 한 교사를 기억해보자. 그녀는 일하러 가다가 자기도 모르게 사진을 찍혔다. 『뉴욕포스트』는 그 사진을 실으면서 그녀를 '갈보 교사'라고 불렀다. 크레이그리스트의 성노동 광고 폐쇄 캠페인을 비판하는 글을 썼다는 이유로 그녀에게 수치심을 주려 했을뿐더러 교사가 되기 전에 에스코트로 일해왔다는 사실까지 보도했다. 그 교사는 에스코트로 일할 때 항상 그 일이 즐거웠던 것은 아니며, 그럼에도 그것은 당시 그녀의 직업이었고 크레이그리스트는 그녀가 자신의 방식대로 일할 수 있게 해주었다고 썼다. 교사 멜리사 페트로Melissa Petro가 자신의 학생들에게 자신이 성노동자였다는 말을 했거나 수업시간에 성노동에 대해 토론한 적은 없었다. 교사로서 그녀의 자질에 대한 불만이 제기된 적도 전혀 없었다. 『뉴욕포스트』의 사진은 그녀를 '행정업무만 맡도록' 한 데 이어 궁극에는 해임되게 만들었다.

당신은 성노동 근절을 위해 로비해온 여성단체들이 멜리사 페트로를 변호하기 위해 들고일어났어야 했다고 생각할 것이다. 그녀는 에스코트 일이 자신의 자의식을 망치는 것처럼 느껴졌던 시간에 대한 것까지 포함해 공개적으로 그리고 솔직하게 자신의 과거에 대해 이야기했다. 그녀는 수입이 더 적은 교사직을 위해 성노동계를 떠났고 새로운 삶을 이어갔다. 그러나 그녀는 또한 왜 크레이그리스트의 에로틱 서비스 난을 폐쇄하는 것이 성노동자들에게 해로울 수 있는지에 대한 글을 썼다. 반성노동 여성단체들은 대개는 직장에서 부당하게 해고된 여성들을 변호할 테지만 에로틱 서비스 폐지 캠페인의 선봉에 서 있는 그들은 멜리사 사안에 대해 침묵했다. 대중에게 창녀로 여겨지면서 동시에 희생자가 될 방법은 없는 것이다.

『뉴욕포스트』가 멜리사 이야기를 뒤로한 지 몇 개월이 지나 멜리사가 기사화된 후 다른 일자리를 찾기 위해 고군분투하는 동안, 나는 뉴욕 롱아일랜드 해변의 한 주차장가에 서 있었다. 그곳에서 시신으로 발견된 여성들의 가족이 나머지 시신의 일부를 발견하기 위해 기자회견을 열었다. 발견된 시신은 셰넌 길버트Shannan Gilbert의 유해였다. 그때까지 시신 열 구가 발견되었는데 그중 다섯 구가 한때 크레이그리스트나 백페이지를 이용했던 여성들이었고 고객을 만나러 나간 뒤 실종된 이들이었다. 또 다른 실종 여성들(메간 워터맨Megan Waterman, 멜리사 바르텔레미Melissa Barthelemy, 모린 브레이너드-반스Maureen Brainard-Barnes, 앰버 린 코스텔로Amber Lynn Costello)의 가족들은 자신의 딸이나 자매 이야기가 언론에 대서특필되면서 서로를 만났다. 그들은 서로서로 정보와 요령을 공유했고 사건의 실마리를 모으며 실종사건이 지속적인 관심을 받을 수 있도록 페이스북을 시작했다.

아마 그날 그곳에는 가족, 변호사, 지지자, 신문사 관계자들까지 스물네 명 정도가 있었을 것이다. 그날 실제로 그곳에 몇 명이 모였는지

나중에 본 비디오 영상을 통해서는 도무지 알 수가 없었다. 길버트의 가족은 마이크 앞에 무리지어 모여 있었다. 카메라는 멀찌감치 세워져 있었다. 가족들은 채찍질 같은 겨울바람 속에서 덜덜 떨며 그곳에 있던 우리보다는 그곳에 없는 이들에게 더 많이 이야기했다. 그들은 진실을 찾기 위해 눈물을 훔치며 고개를 숙였고 정보를 가지고 있는 이들에게 나서달라고 애원했으며 상금을 약속했고 FBI가 개입되어 있을 수도 있다고 추측했다(그러나 실상 그렇지는 않았다. 그리고 그런 일은 없다는 것을 모두가 알고 있다).

나는 "이런 일을 하고 또 하고 있는 게 상상이 안 돼"라고 우리를 차로 태워다주었던 오다시아 레이Audacia Ray에게 말했다. 그녀는 '붉은 우산 프로젝트Red Umbrella Project'라는 성노동자를 위한 그리고 성노동자에 의한 미디어 대응단체를 운영하고 있었다. 우리는 서로의 블로그를 방문해 의견을 나누다가 2004년에 만났다. 우리는 같은 도시에 살고 있었고 둘 다 성노동에서 은퇴했다. 나는 보도를 하고 오다시아는 실종자 가족들이 원할 경우 언론에 이야기하는 것을 돕기 위해 그곳에 있었다. 그들이 시신을 찾을 때마다 모든 가능한 카메라를 찾으며 이일을 반복했다. 시신은 마치 그들의 화폐 같았다. 그들에게 남겨진 전부였다. 오다시아는 내게 어떨 때는 상황이 더 나빴다고 말했다. 요즘엔 예전만큼 카메라의 관심이 많지도 않다.

8장 _ 다른 여성들

성전쟁에서 승리했다면 매춘인들은
모든 여성을 끔찍하게 배신한 협력자로서
저격당해야 했을 것이다.

— 줄리 버칠Julie Burchill, 『망가진 물건들*Damaged Goods*』(1989)

그들은 연구를 위해 젊은 여성들을 모집해 비키니를 입혔다. 그들은 자신들이 '자기대상화'라고 부르는 것의 효과를 기록하기 위해 첫째 집단의 여성들에게 몇 개의 수학문제를 풀게 했다. 스웨터를 입고 있는 또 하나의 여성 집단도 같은 수학문제를 받았다. 연구자들은 비키니를 입은 여성들이 (아마 연구자가 더 많은 질문을 가지고 곧 돌아올 거라고 생각하면서) 수학문제를 푸는 데 스웨터를 입은 집단보다 훨씬 힘든 시간을 보내는 것을 관찰하면서 그것으로 자기대상화가 여성들에게 해롭다는 결론을 내렸다. '미국심리학협회 American Psychological Association, APA'는 이 결과를 더욱 광범위하게 해석해 2007년 보고서에 포함시켰고, "몸에 대해 생각하고 그것을 성애화된 문화적 이상에 맞춰 비교하는 것은 지적 능력을 저하시킨다"는 주장의 근거로 제시했다. 몇몇 여성단체는 APA의 해석을 환영할 만한 증거로 받아들였다. 그런데 무엇의 증거인 것일까? 비키니를 입는 일은 스트레스를 주지만 수학은 중요한 것이라는 뭐 그런 유에 대한 증거인 것일까? 과학적 관심사와는 무관하게, 자아존중감에 미치는 노출의 효과는 매일 밤 T팬티를 입고 회계라는 극히 중요한 재주를 부리는 모든 실재하는 여성에 대한 평가다(이 같은 연구를 위해 스트립쇼 클럽을 습격하라고 제안하려는 것은 결코 아니다).

성노동자의 산수능력조차 의심의 대상이 된 것은 우연한 일이 아니다. 그들은 스스로 대상화됨으로써 여성들의 대상화에 기여했고, 자신이 하는 일을 통해, 그리고 돈을 위해 모든 여성을 성적 대상으로 만들었다는 비난을 받는다. 작가 파멜라 폴Pamela Paul은 이 현상을 '포르노화pornification'라 불렀는데, 이는 상업적 성이라는 관행이 모든 성적 관계를 오염시키는 것을 의미한다. 저널리스트 에이리얼 레비Ariel Levy에 따르면 여성들은 '여성 우월주의 앞돼지들'이 된 것이다. 만약 여성들이 어떤 종류든 성적 과시벽에 참여하게 되면 자신의 환상을 추구하는 것이 아니라 남성들의 손에서 놀아나는 것이다. 그리고 이런 종류의 '가장하기'를 부추기고, 창녀에 대한 수요를 촉진하고, 모든 여성을 창녀로 만들어 창녀들을 넘쳐나게 만든다. 한 여성의 붕괴는 모든 여성의 붕괴인 것이다.

성애화에 반대하는 이들에게 위험한 것은 여성이 단지 다른 이의 쾌락을 위한 성적 존재로 환원되는 것뿐만 아니라 여성이 성애화되면 **진정한 여성**으로서의 그녀가 없어진다는 것이다(그것은 그녀를 여성으로서는 부족한 여성, 곧 창녀로 만드는 폭력이다). 성애화에 반대하는 생각의 뿌리에는 여성에게는 자신이 창녀로 여겨지는 것이 너무나 근본적인 손상을 입는 일이라 그렇게 되면 진정한 여성다움을 갖는 게 어려워질 거라는 믿음이 있다.

이렇기 때문에 여성의 성애화에 대한 관심은 설사 성애화에 비판적인 이들이 관습적인 성적 가치에 대한 생각에 반대한다고 하더라도 바로 그 성적 가치에 대한 관습적인 생각에서 벗어날 수 없다. APA는 보고서에서 '몸에 대해 생각하는 것'이 어떤 면에서는 '성적'이라고 묘사하면서 그것이 '손상된 정신능력'과 연결된다고 주장한다. 우리는 젊은 여성들이 '몸에 대해 생각하는 것'을 단념시키려고 노력하는 대신에 왜 비키니를 입은 자신의 몸에 대해 어떻게 느끼는지가 자신의 몸에 대한 생각과 섹슈얼리티를 평가하는 기준으로 받아들여지는지, 혹은 왜 몸이 자존감의 원천으로 기호화되는지를 물어야 할 것이다. 여성의 자존감과 섹슈얼리티를 개발하는 것이 성애화를 중단시키려는 노력의 핵심은 아니다. 연구자들이 경고하듯 "아마 자기대상화의 가장 나쁜 결과는 그것이 의식을 파편화시키기 때문"일 것이다. 그러니 소녀들이여, 당신의 욕망을 꺼안는 일 따위는 잊어버려라. 그저 비키니를 스웨터로 바꿔 입으면 가부장제가 만든 정신적 상처는 치유될 것이므로.

성에 대한 재현을 성 자체와 혼동하는 것은 성애화를 비판하는 이들이 지양해야 할 점이다. 성애화에 대한 이러한 관심은 이미지와 판타지에 초점을 두고 있어 성적 판타지를 수행하는 노동과 성노동자들이 현실에서 그렇게 살지 않으면서도 그런 판타지를 수행할 수 있게 만들어주는 기술을 간과한다. 그들의 우려는 공포, 즉 잘못된 종류의 성적 외모와 욕구에는 한계가 그어져야 하고 그렇지 않으면 틀림없이 모든 여성이 위험에 빠지게 될 것이라는 두려움에 찬 목소리로 들린다.

내가 대상화와 성애화가 존재한다는 사실을 부정하려는 건 아니다. 이러한 초점이 갖는 편협함을 비판하려는 것이다. 여성들을 잘못된 판타지, 잘못된 욕망으로 인해 오염될 수 있는 존재, 위험에 처한 순수한 공백의 석판으로 만들려는 그 저변에 깔린 태도를 문제 삼는 것이다. 성애화에 저항하는 것이 반드시 더욱 대단한 성적 행위자성으로 해석될 필요는 없다. 여성의 자유를 요구하지 않는다면 성적인 것이든 다른 어떤 것이든 그 저항은 성적 영역에서의 여성의 부재를 옹호하는 것이 될 수 있다. 섹슈얼리티에 대한 재현이 다른 재현보다 더 현실적이라는 (혹은 더 해롭다는—이 두 말은 서로 맞교환될 수 있는 것으로 쓰이므로) 주장은 여성들 사이, 욕망들 사이, 여성의 계급과 우리가 하는 노동 사이에 있는 경계들을 한층 더 강화할 뿐이다.

포르노와 스트립쇼는 여성을 성애화하는 주범이라고 비난받는다. 그러나 포르노와 스트립쇼를 그런 면에서 비난하는 이들은 우리가 하는 노동에 대한 재현(봉, 가죽 끈, 음모를 민 음부)에만 초점을 맞출 뿐, 우리가 하는 노동 자체, 우리의 삶 자체는 모른다. 종종 비판자들은 진실에 가까운 말도 한다. 고객이 욕망하는 것을 마치 우리도 욕망하는 것인 양 연기하는 것이 성노동에서 우리가 하는 일이라고 말이다. 그렇지만 그것은 우리가 고객으로 하여금 우리의 섹슈얼리티를 규정하도록 허용하는 일과 같은 것은 아니다. 비판자들이 재현 영역 외의 것을 건드리는 경우는 성노동자들이 성애화의 희생자들이며, 그들이 모든 여성의 성애화에 대해 책임이 있다고 주장할 때다. 이것은 성노동자들이 '허위의식'의 희생자라는 구시대적 주장으로 회귀하는 것이다. 단지 이제는 약간의 사회과학과 제2물결 때보다 더 작아진 속옷이 등장했다는 차이만 있을 뿐이다.

근무시간 외의 성노동자들(사람들이 성교만을 위해 여기 있는 것은 아니므로)을 포함해 그 전체를 본다면 성애화에 대해 말하지 못하게 될 것이다. 그러나 그것은 성노동자들에게 허락된 역할이 아니다. 특히 그들을 구조하고자 하는 여성들이 허락한 역할은 아닌 것이다.

포르노적 느낌

성애화와 포르노화에 대한 두려움은 전혀 새롭지 않다. 초기 물결 당시와 같이 포르노적 시선에 대한 경멸과 두려움은 이내 성거래 내부에 있는 사람들에 대한 경멸이 된다. 1970년대 말과 1980년대 초는 '포르노에 반대하는 여성들Women Against Pornography, WAP'의 전성기였다. 많은 면에서 그것은 여성운동에서 성 노동자들이 점점 더 눈에 띄는 것에 대한 반발이었다. '전미여성협회 National Organization for Women, NOW'가 여성과 자위에 대한 슬라이드쇼를 보여달라며 예술가이자 성교육자였던 베티 도슨Betty Dodson을 초대한 1973년 이후 불과 몇 년도 지나지 않아 도슨은 뉴욕에서 열린 WAP 회의에 참여했다. 도슨은 이후 어느 글에서 WAP가 만든 분위기 속에서는 NOW에게 보여주었던 슬라이드를 보여줄 엄두조차 나지 않았다고 썼다. WAP 행사에서는 여성들이 줄지어 서서 연단으로 나가 어떻게 포르노가 자신에게 상처 입혔는지에 대한 이야기를 열거했다. 도슨은 『페미니스트 포르노 책Feminist Porn Book』에 실은 자신의 글 「포르노 전쟁Porn Wars」에서 "각 여성들의 말과 눈물이 그 방의 열기를 달아오르게 해 단결된 분노를 만들어냈다"고 썼다.

그 이야기들을 나누면서 사람들은 평등의식을 고양하기보다는 감성적 분위기에 휩싸였다. 도슨은 다음과 같이 적었다. "매력적인 금발의 30대로 보이는 여성이 마이크 앞에 섰다. 그녀는 분노를 주체하지 못한 채 어린 시절 겪었던 성적 학대에 대해 이야기했다." 그 여성의 말을 빌리자면 그것은 아버지가 "구역질나는 더러운 사진"을 가지고 그녀에게 "부자연스러운 행동"을 하게 만들었던 것에 관한 이야기였다. 도슨은 그때 "방 전체가 감정적으로 단결되어 각자 떠올린 아동강간에 대한 이미지들과 함께 분노로 타올랐고, 동시에 그것이 갖는 기괴함에 어쩔 줄 몰라 했다"고 기억했다. 만약 이것이 포르노가 여성과 갖는 관계라고 이해된다면, 어떻게 그에 대해 이견이 있는 여성이—포르노 사진모델을 직접 했던 여성은 차치하고라도—아동에 대한 폭력에 반대한다는 말을 하지 않고서 자신을 위해 말할 수 있는가? 무대 위의 그 여성이 하는 아동에 대한 폭력 묘사 자체가 포르노적 폭로를 모방하고 있다는 사실을 어떻게 말할 것인가? 이 여성들이 여기에서 단체로 포르노그래피라는 악을 소비하는 것은 타임스스퀘어 극장에 앉아 포르노에 대한 자신들 나름의 공동 경험을 하고 있는 남성들의 경우와 어떻게, 얼마나 전적으로 다른가?

양측 모두에서 공동의 감정 표출과 흐느낌에 의한 것이든 사정에 의한 것이든 몸이 떨리는 경험이 일어난 것은 동일하다. 이 점이 영화이론가 린다 윌리엄스Linda Williams가 포르노 영화와 '최루성'—여성 취향—영화 분석에서 발견한 것이다. 포르노에 반대하며 격노한 여성들로 가득한 방에 있는 것은 마치 '하드코어' 기분전환 기회라며 다가서는 길거리 상인의 약속에 굴복하는 것과 다를 바 없다. 포르노와는 무관하고 그것에 관여하게 될 일에 대해서도 결코 생각해본 적 없는 여성들은 포르노에 등장하는 실재 여성들에게 그다지 큰 관심을 갖지 않는다. 그들은 자신이 포르노 속 여성들과 관계가 있다고 주장하지만, 그것은 단지 그 여성들의 몸 사진, 관객 자신의 상상으로 점철된 그 몸과의 관계성일 뿐이다. 열정적인 반포르노 활동가는 이 점에서 열광적인 포르노 소비자와 공통점이 많다.

우리가 분노해야 한다고 여기는 성애화된 묘사는 포르노에만 한정된 것은 아니다. 현재의 반포르노운동 양상에도 해당한다. 사회복지 기관들에서 쓰는 광고판과 포스터 속의 이미지에서, 이 운동의 세를 보여주기 위해 페이스북이나 핀터레스트Pinterest◆를 통해 유통되는 이미지에서, 여성들은 굽 높은 구두를 신고 짧은 치마를 입고 그늘 속에서 고개를 숙이고 눈을 크게 뜬 채 멍들고 쇠사슬에 묶여 남성들(대체로 얼굴 없는 비백인 남성들)의 손에 벌린 입을 틀어막힌 채 있다. 미디어 재현과정에서 여성에게 가해지는 폭력의 증거를 찾는 데 열중하는 단체들 스스로가 역시나 똑같은 수사에 맞춰 한몫을 하고 있는 것이다. 아마도 주의를 끌기 위해 의도된 것(유사전복적 전술)일지도 모른다. 예를 들어 덴마크에서 있었던 '레이든 인터내셔널에서 온 신선한 고기Fresh

◆ 이미지를 올려 공유하고 검색하는 사이트.

Meat from Reden Internaional'라 불린 캠페인은 성노예에 반대하기 위해 나체의 여성 여섯 명이 무릎을 가슴까지 오므려 상체를 접은 채 스티로폼 포장지에 담겨 플라스틱 랩이 씌워져 있는 이미지를 활용했다. 이 이미지는 도착적 기분이 들게 만드는 것이었다. 나는 그들이 완전히 가치 없게 만들어놓은 단어를 쓰는 게 싫지만 그럼에도 쓴다면 여성을 이런 식으로 보는 태도는 그들을 비인간화하는 것이다.

실재 여성의 이해에 반하여

그러나 만약 성애화되는 것이 비인간화되는 것도, 힘을 얻는 것도 아니라 그저 중립적인 것이라면 어떨까? 해로운 것은 외모나 느낌이 아니라 실제로 몸에 영향을 미치는 것이라면? 여성들이 관심을 가져야 할 것은 남성들이 우리에게 고추를 박고 싶어한다는 점인가, 아니면 우리를 처박아 망치고 싶어한다는 점인가? 이 둘은 같지 않다(성노동자들은 여전히 바로 이 점을 주장한다). 버칠이 썼듯, 만약 매춘 여성이 '모든 여성'의 반대편에 선다면 그것은 왜 그녀가 무시되어야 하는지를 말해주는 깔끔한 설명이 된다. 그녀는 이제 더는 여성이 아니기 때문이다. 성노동자들이 하는 일의 성격으로 말미암아 그들이 물건으로 '축소되었다'는 말을 들을 때마다 바로 이런 경계가 그어진다. 그런 한편, 반대자들이 사실상 이것을 노동이라고 평가하지도 않고 고객, 즉 남성의 눈과 욕망을 비난하기 때문에 성노동자들은 자신들이 비난받을 이유는 없다는 말을 듣게 된다.

반성매매 옹호론자들은 돈을 지불하는 성에 대한 남성의 욕망을 없애려는 목표는 '반성적antisex'이 아니며 오히려 매춘 여성의 인성을 복구하는 일이 반성적인 것이라고 말한다. 이들이 말하는 매춘 여성은 이미 사람이지만 그 사람을 교정해주고 싶다고 주장하는 이들에게는 사람이 아닌 존재다. 반성매매 옹호론자들이 상상하는 매춘 여성은 남성들에 의해 말을 할 수 없게 된 사물이다. 매춘 여성들은 다른 여성들, 즉 사물화의 위험에 맞닥뜨리면서도 여전히 독립적으로 세상에서 말하고 움직일 능력을 유지하고 있는 여성들과 같은 여성이 아닌 것이다.

성노동자들은 자신이 대상화되는 것을 안다. 그들도 역시 세상에서 여성으로서 움직이며 자신들이 일할 때 자신들을 성적 판타지를 체화한 몸으로 대하고 싶어하는 남성들의 편협하고 변덕스러운 시각에 매우 유능하게 대처해야 한다는 것을 알고 있다. 그들은 자신들이 여성에 대한 환상물, 즉 두려워서 멀리 두어야 하고 때로는 은밀하게 상상되는 나쁜 여자아이 역할을 서비스하고 있다는 것을 안다.

이 '지지자들'이 성노동자를 가치 손상된 이들로, 희생자로, 자극적인 교훈물로 재현하고 성노동자의 전 인격을 보이지 않는 것으로 만들 때 그 행위 역시도 성노동자의 사물화다. 사회적 관계를 맺는 성노동자들의 역량은 무시되고, 그들의 삶은 자신들은 노동이라 부르지만 다른 이들은 소위 성적 이용 가능성이라 부르는 것을 중심으로 조직된다.

동의 보류하기

성노동은 단순히 성행위가 아니다. 성노동은 쇼다. 역할을 수행하고 기술을 보여주고 직업적 경계 안에서 감정이입을 하는 능력을 발휘하는 일이다. 이것이 간호사, 상담 전문가, 보모의 노동이라고 하면 이 모든 것은 쉽게 인정받고 존중받을 수 있을 것이다. 성노동이 노동이라고 주장하는 것은 또한 성애화된 형식의 노동과 섹슈얼리티 사이에 차이가 있음을 확인하는 것이기도 하다.

반대자들은 자신이 하는 일을 이런 식의 노동으로 보는 성노동자들을 공격한다. 1992년 미시건 법대 강의에서 반포르노 페미니스트 안드레아 드워킨Andrea Dworkin은 "매춘에 대해 내가 생각해볼 수 있는 유일한 유비類比는 다른 어떤 것보다 그것이 집단강간과 유사하다는 점이다"라고 말했다. "집단강간과 다른 것은 화폐가 교환된다는 점뿐이다. 그뿐이다. 그것이 유일한 차이다"라고. 거기에서 더 나아가 반성매매 활동가인 이블리너 기웁Evelina Giobbe은 『강간할 권리 사기Buying the right to rape』라는 책에서 매매춘을 책 제목과 같이 '강간할 권리를 사는 것'이라고 말했다. 만약 이것을 권리라 부를 수 있다면, 왜 남성들이 그것을 구매해야 하는 것일까?

반성노동 활동가들이 모든 성노동은 강간이라고 주장할 때 그들이 노동만을 간과하는 것은 아니다. 성노동자들에 대한 실제 강간을 변명해주고 있는 것이기도 하다. 반대론자들이 주장하듯이 만약 남성들이 동의할 능력도 없다고 여겨지는 이들로부터 성을 사서 자신들이 하고 싶은 것은 무엇이든 할 수 있다면, 성노동자에 대한 강간은 범죄가 아니라 내재되어 있는 것이고 불가피한 것이 된다.

성노동에서의 동의는 비상업적 성에서와 마찬가지로 '예/아니오'라는 단순한 이항대립적 계약보다 복잡한 것이다. 성노동자들은 성행위를 수행하려는 자신의 의지뿐만 아니라 어떤 조건에서 그 노동이 수행되는지와 같은 상황에 기반을 두고 협상을 벌인다.

좋아요. 20달러에 무릎 위 춤을 춰주죠. 첫 노래가 끝난 뒤 노래 하나가 더 나올 때끼지 내가 계속 있기를 원한다면 20달러를 더 내야 해요. 개인 방에서 춤춰주기를 원하면 그건 50달러예요.

또는

당신이 있는 모텔방으로 30분 후에 갈게요. 150달러를 내면 됩니다. 스트립 쇼를 원한다면 팁을 더 얹어줘야 하는데 팁은 50달러부터 시작해요. 마사지까지 원하면 팁은 100달러예요.

아니면 이렇게도 간다.

40달러를 내면 당신 차 안에서 구강성교를 해줄게요. 단 내가 말하는 곳으로 차를 몰고 와야 해요. (내 친구들이 당신의 차번호를 보고 적어놓을 수 있고, 당신이 사정하자마자 내가 차에서 나올 거라는 사실을 알고 있고, 따라서 내가 차에서 내리기 전에 당신이 차를 움직이면 뭔가 잘못되고 있다는 걸 알고 내 뒤를 따라올 수 있는 곳이죠.)

돈이 개입된다고 해서 동의능력이 없어지지는 않는다. 동의란 성노동에서든 그 외에서든 단순히 주어지는 게 아니라 구성된 것이며, 다양한 요소에서 비롯된다. 환경, 시간, 감정적 상태, 신뢰, 욕망 등. 욕망은 이 모든 것에 달려 있다. 동의와 욕망은 우리 몸에 내재되어 있거나 친밀하게 붙어 있거나 느껴지거나 제공되는 어떤 상태가 아니다. 그것들은 형성된다.

돈은 동의했음을 말해주는 구체적인 상징이라기보다는 성적 상호작용에 대한 동의가 이 사람에게서 저 사람에게로 주어지는 마치 몇 장의 청구서와 같은 게 아니라는 점을 분명히 해주는 요소다. 돈은 동의를 구성하는 데 있어 단지 하나의 요소일 뿐이다. 많은 경우 가장 중요한 요소라 할지라도 말이다.

여기서 욕망을 동의와 혼동해서는 안 된다. 성노동자들이 하는 일 중에는 즐겁지 않은 것도 많지만 그럼에도 그들이 동의를 하고 그렇게 하는 데에는 정당한 이유가 있다. 작가이자 매춘인인 샤를로트 셰인Charlotte Shane은 이를 '비적극적 동의unenthusiastic consent'라고 개념화했는데, 이는 최근 페미니스트들이 "아니오의 뜻은 아니오다no means no"를 위한 싸움을 위해 요구한 '적극적 동의', 다시 말해 "예의 뜻은 예이다yes means yes"를 일부 뒤집어 만든 말이다. 셰인이 '예는 아니다를 뜻한다'고 말하고 있는 게 아니다. 오히려 그녀가 '티츠와 사스Tits and Sass' 블로그에 썼듯, "내가 고객과 (욕망하지 않는) 성행위를 하겠다고 동의했을 때와 어떤 종류의 성행위에 내가 동의하지 않을 때 사이에는 엄연한 차이가 있다. 모든 경험을 '강간'이라고 이름 붙이는 것은 진실, 나의 현실, 나의 행위자성을 삭제하는 것이다." 이제 우리는 반성폭력 활동가 페미니스트들의 홍보를 통해 알게 되었듯, 우리가 하는 동의가 침해받을 때에도 우리가 (우리 의지와는 무관하게) 쾌락을 느낄 수도 있다는 사실을 이해한다. 그렇다면 필연적으로 쾌락이란 동의가 구해졌느냐와는 무관하게 느낄 수 있는 것이고, 쾌락의 부재가 곧 동의의 철회로 여겨져서도 안 될 것이다.

강간이 나쁜 성행위라고 말할 수 없다면 나쁜 성행위가 (일할 때 겪는 나쁜 성행위라도 그것이) 곧 강간이라고 말할 수는 없다.

그러나 성적 노동에 대해 이야기할 때 성행위에 대한 동의 여부 같은 점을 이야기하는 게 때로는 주의만 산만하게 만드는 일일 수도 있다. 동의라는 틀 자체가 고려해야 할 많은 사항을 내포하고 있기 때문이다. 성적 노동이 누구를 법적 위험에 놓이게 할까? 건강 위험에 놓이게 할까? 아웃팅◆당할 위험에 놓이게 할까? 동의에 대해 고려할 때 우리가 성행위에서의 동의만큼이나, 아니 그보다 더 많은 관심을 기울여 고려해야 할 문제는 바로 그 조건에 대한 것이다. 성행위에 대한 동의에 초점을 맞추는 것은 성노동자들이 일터에서 힘과 통제력을 갖게 해주기보다 혼란과 주변화만 더 부추길 수 있다.

◆ 자신에 관한 어떤 사실에 대해 본인이 직접 말하는 게 아니라 다른 사람에 의해 강제로 밝혀지는 것을 가리킨다. 특히 동성애 정체성과 같이 사회적으로 민감한 사안에서 성적 소수자 정체성을 본인이 직접 꺼내 말하는 것을 '커밍아웃'이라고 하고, 다른 사람에 의해 강제로 밝혀지는 것을 '아웃팅당한다'고 표현한다.

성노동자의 동의 여부를 단지 성적 동의에만 한정하는 것은 그들의 힘을 강화하는 것이 아니라 그들의 선택지를 축소시킨다. 다른 누구보다도 성노동자들은 자신의 일이 선택에 따른 것임을 정당화하라고 요구받는다. 마치 어떤 종류의 노동을 하려는 선택이 그 노동을 정당한 것으로 만드는 양 말이다. 더욱 악의적인 이중 잣대는 성노동자들에게 자신이 **힘을 얻는** 선택을 했다고 증명하라는 요구에 있다. 마치 힘을 얻는 것이 지속적이고 집단적인 권력협상을 통해서가 아니라 자기완성을 통해 성취되는 어떤 추상적인 상태인 것처럼 말이다. 힘을 얻었는지를 보이라는 요구는 이미 모두 힘을 잃었다고 여겨지는 성노동자들 사이에서 희생자 계급을 재생산할 뿐이다. 간호사나 교사(혹은 저널리스트나 학자)에게 적용될 수 있는 것이라면 성노동자들에게도 적용될 수 있어야 한다. 힘을 얻을 개인적 역량을 강조하는 것은 일터 안에서든 밖에서든 노동자의 힘을 제약하는 구조적인 힘을 들춰내는 데 그다지 도움이 되지 않는다.

나는 수없이 많은 남자에게 '내 몸을 팔아' 왔지만 그럼에도 나는 내 몸을 바로 여기 내 소파 위에 나와 함께 가지고 있다. 이상한 일이다.

—@AnarchaSxoker

대상화되는 것은 자아를 축소시키는 것이고 돈을 주고 하는 성행위는 강간과 구분되지 않는다는 신화를 따라다니는 것은 성노동자가 파는 것이 무엇인지에 대한 두 개의 공통되면서도 모순된 관점이다. 이는 육체적 서비스, 특히 관습적인 이성애적 성행위를 제공하는 성노동자들에게 흔히 적용된다. 그녀가 파는 것은 그녀의 몸인가, 그녀 자신인가? 아니면 그녀가 가짜로 하는, 진짜 성행위와 거의 비슷한 유사행위인가?

사회학자 엘리자베스 번스타인은 10년 넘게 지속해온 현장연구에 기반을 두고 성노동자가 제공하는 것은 한도가 정해진 친밀성이라는 서비스라고 규정한다. 이 서비스는 신체적인 것에서부터 감정적인 것까지의 범위를 갖는 노동을 포함한다. 어떤 성노동자들은, 특히 고객과 대화하는 여분의 시간을 허용하는 서비스(호텔에서, 웹캠 채팅으로, 혹은 VIP 방에서 사전에 한 시간 넘게 하는 대화 등)를 제공하는 성노동자들은 그렇게 하지 않고 바로 신체적 성노동에 중점을 두는 것을 선호하는 이들과는 매우 다른 방식으로 노동협상을 할 것이다. 모든 성노동자가 동일한 신체적 성행위(예를 들어 구강성교, 마사지, 기구 장착 후 하는 항문성교, 키스 등)를 친밀한 행동이라고 보는 것은 아니다.

성노동자들이 다양한 층위의 친밀성에 대해 지속적으로 협상한다는 사실은 이 일이 단순히 몸을 파는 게 아니라 진짜 노동이라는 충분한 증거다. 그러나 친밀성 자체가 구성될 수 있다는 사실은 제공되는 것이 진짜가 아니라는 증거로 여겨질 수도 있을 것이다. 여전히 우리는 성노동자들의 진정성을, 예를 들어 우리가 좋아하는 바텐더나 미용사 또는 상담사와 갖는 관계—사실 우리는 서로 어느 정도의 거리는 유지하는 것을 바라고 그 관계에서는 그렇게 해야 한다는 것을 이해한다—를 판단할 때보다 더 높은 기준을 가지고 판단한다.

진정성에 대해 협상하는 것이 성노동만의 영역인 것은 아니다. 번스타인은 한도가 정해진 친밀성의 부상을 산업노동으로부터 서비스 경제로의 전환이라는 한층 더 넓은 틀과 관련시킨다. 모든 종류의 노동자들이 경험을 생산하라는(그저 단순히 커피 한 잔을 만드는 것이 아니라 미소를 짓고 개별 고객과 인사하라는) 요구, 그냥 휴가가 아니라 영혼을 채우는 휴식을 주라는 요구를 받는 경제에 성노동은 아주 잘 맞아떨어진다.

예를 들어 브렌츠, 잭슨, 하우스백은 네바다의 성매매 업소에 대한 연구에서 이곳의 어떤 일터들은 성적 탈출처로서뿐만 아니라 노동의 세계에서 관습적으로 여성적 공간이라 여겨져 온 곳으로 탈출하는 것으로 규정된다고 설명한다. 고객을 끌어당기는 것은 그저 성적 퍼포먼스만이 아니라 여가와 편안함인 것이다. 이 점은 고객들에게 값비싼 리조트에서 보내는 일상으로부터의 탈출이라는 경험을 제공하는 사치스러운 휴가와 다르지 않다.

성애화 이후

비판자들은 성애화에 편협하게 집
중하기 때문에 성경제가 주류에 미치는 방식, 즉 그것이 주류를 성애
화하는 것이 아니라 그 반대라는 점을 놓친다. 앞에서 언급한 연구자
들이 살펴보았듯, 외설은 네바다 업소들이 기대는 요소가 아니다. 그들
은 오히려 그곳이 고급스럽고 아무나 들어오지 못하므로 누구나 직접
경험해보기를 욕망하는 곳임을 홍보한다. 성적 매력이라는 사악함을
강조하며 영업을 하는 것은 오히려 라스베이거스(성매매업이 허용되지 않
는 곳)의 주류 여가산업이다. 그들은 이 상호교착을 문화의 성애화가 아
니라 수렴이라고 설명한다.

성노동 반대론자들이 성애화와 여성의 이미지로부터 이윤을 얻는
이들을 공격할 때 그 공격은 편협하고 반동적일 수 있다. 비판자들은
주류와 성경제, 미디어의 관계를 공존이 아닌 일종의 오염으로 잘못
이해하고 있고, 성적 이미지를 시장 혹은 더욱 광범위한 사회 영역에
위치시킬 능력 또는 의지가 없다. 그저 단순히 성적으로 수렴된 경제
의 가장 가시적인 윗부분을 제거하는 것으로는 성애화가 재강화한다
고 말해지는 것, 즉 그 외의 경제가 갖는 근본적인 불공평함을 변화시
키지 못할 것이다. 이 운동들은 그저 여성의 몸을 지우는 것으로 시작

해 그것으로 끝나고 만다.

만약 우리가 '플레이보이'나 '페이지3'에 나체의 젊은 여자 사진을 못 싣게 한다고 해도 그것이 실제 여성의 성적 삶이나 우리에게 가해지는 제약으로부터 우리 중 어느 누구도 자유롭게 만들어주지는 않는다. 소위 성적인 이미지를 제거하려는 노력은 슈퍼마켓, 인터넷 혹은 가장 해롭다고 여겨지는 어느 곳에서든 우리가 맨살에 보내는 관심을 끄고 대신 그 관심을 스크린 밖의 여성들, 성노동을 하지 않는 동안의 여성들에게 돌린다면 드러낼 수도 있는 것들을 재빨리 감춰버린다.

이 논쟁은 일관성이 없다. 이는 성산업 밖에 있는 여성들이 성노동자들처럼 행동하도록, 그것도 무료로 그렇게 하려는 욕망을 갖도록 만든 책임이 성노동을 하는 여성들에게 있다며 불평하는 것에서 잘 드러난다. 레비는 『여성 우월주의 암퇘지들*Female Chauvinist Pigs*』에서 "포르노 스타가 베스트셀러 목록에 오르지 않거나 스트립 댄서가 주류가 아닐 때 태어나지 않은" 세대는 없다고 주장했다. 마치 성노동자 아이콘을 만드는 일이 21세기에 한정된 것이거나(옛 시절의 풍자의 여왕, 베니스의 고급 창녀들에게 물어보라), 아니면 대중문화에서 성노동이 재현되는 것을 받아들이는 게 곧 성노동을 받아들이는 것과 같은 일인 양 말이다. 레비는 "끈팬티는 문자 그대로 성산업의 부산물"이라고 말한다. 마치 그것이 성노동자들을 내쫓을 충분한 이유인 것처럼, 마치 *그것*이 우리를 망설이게 만드는 것인 양. 레비에게 끈팬티와 그것을 처음 입은 여성들은 서로 같은 것이고 또한 실제적인 남성지배와도 같은 것이다. 그들은 남자들이 그런 시각을 갖는다고 비판하면서 자신들 또한 성노동자들의 전 자아가 성노동자들이 일할 때 입는 유니폼과 동일하다고 보는 우를 범하고 있다.

후방거울에 보이는 사물들이
나타날지도 모른다

성노동자들은 레비를 포함한 '외설문화' 반대자들에게 단지 하나의 상징, 즉 관심과 보호를 받을 자격이 있는 여성들의 행동에 영향을 주는 경우에만 중요해지는 질병의 상징이다. 나는 그들의 분석에 결함이 있다고 본다. 그것은 우리가 성을 이해하는 방식에서 물질적인 문제와 그것이 어떻게 우리의 삶을 모양 짓고 제약을 가하는지를 중심에 두기보다는 재현의 문제와 그것에 대해 여성들이 어떻게 느끼는지에 한정하고 있다. 그러나 바로 이것이 핵심이다. 다시 말해 성노동이 성애화에 대한 그들의 분석에 어떤 정보든 제공하고 있다면 그것은 성노동자들의 삶이 중요해서가 아니라 성노동이 성노동을 하지 않는 여성들로 하여금 자신들이 느끼기를 원치 않는 것을 느끼게 만들기 때문이다.

만약 우리가 성애화에 대한 공포를 통해 상업적 성과 그것에 대한 재현을 수면 위로 밀어올린 사회구조적 변화와 경제적 변화를 볼 수 있다면 성·가치·여성다움의 관계에 대한 우리의 분석은 얼마나 달라질까? 만약 성애화라 불리는 것을 진단하고 병리화하려는 욕망을 버린다면 우리는 여성들의 삶을 더욱 온전하게 관찰하고 설명할 수 있을 테고, 권력과 성이 어떻게 우리를 규정하는지 한층 더 정확하게 설명할 수 있을 것이다.

상업적 성과 서비스 경제의 수렴은 상업적 성의 주류화처럼 보이는 것을 이해할 수 있게 해준다. 그것은 또한 이 변화를 이해하기 위해 성애화를 보는 대안적 틀을 제공해준다. 이는 어떤 것의 가치를 분석하기 전에 상업적 성이 동류의 비상업적인 것보다 더 나은지 혹은 더 나쁜지 판단할 필요가 없도록 여행, 미용, 외식, 유흥 등 다른 상업적 서비스의 연속선에 놓음으로써 상업적 성 혹은 비상업적 성을 '올바른' 방향으로 이끌어야 하는 일로부터 우리를 자유롭게 해줄 것이다. 그것이 어떠할지 상상해보기 위해 성노동을 서비스 노동으로 간주하려는 것은 아니다. 성노동과 서비스 노동은 이미 많은 면에서 겹치고, 노동력을 공유하고 있으며, 상호의존적이다.

논의를 좀더 확대하면, 친밀성을 협상하는 성노동자의 능력을 가치 있다고 인정하는 것은 성노동자에 대한 착취를 없애려는 이들의 초점을 이동시킬 수 있다. 성애화의 재현으로부터 성노동자들의 노동이 조직되는 방식으로 말이다. 우리는 프렛 에이 맨저Pret A Manger나 스타벅스 같은 거대 체인점이 노동자들에게 미소를 짓고 가능하면 다른 것도 구비해 고객에게 커피를 제공하라고 요구할 때, 그 노동자들이 관심에 목마른 고객들에게 자신의 감정적 필요는 다른 곳에서 충족시키라고 말함으로써 이처럼 세세한 노동 강제를 없앨 수 있다고 믿지 않는다. 이 요구는 고객의 기분에 따르는 것이 아니라 관리부서의 기분에 따른 것이다. 이는 성노동자들이 착취 여부를 전적으로 혹은 기본적으로 고객의 손에 달려 있도록 둔다고 해서 왜 더 많은 노동 통제력을 갖게 되지는 않는지 그 이유를 잘 보여준다. 소비자의 선택이 수많은 노동자 학대에 대한 위안으로 보이는 시대에 왜 그런 주장이 호소력을 갖는지 이해할 만하다. '정확한 물건'을 사는 것은 중요한 문제지만 충분히 중요한 문제가 아니며, 협상 테이블에서는 더더욱 그렇다.

상업적 성에 대한 당신의 관심이 성노동자들의 건강과 안녕과 별 관계가 없고 오히려 비칠, 드워킨, 그들의 지지자들이 요구했던 것처럼 성노동자들의 삶터를 도매금으로 근절하는 것과 관계있을 때 상업적 성의 소비자를 비난하는 것은 두 배의 호소력을 갖는다. 이와 대조적으로 성노동자들 본인이 필요로 하는 게 무엇인가 하는 문제는 모든 여성에게 훨씬 더 익숙할 것이다. 법적으로 인정받고 주택·건강·교육·노동문제에서 차별받지 않으며 전 세계 어디든 자유롭게 이동하는 것 등과 같이 말이다. 심지어 성거래업에서 떠나고 싶어하는 이들에게도 대안적 소득원이 현재 그들이 가진 소득원을 제거한다고 해서 찾아지는 것은 아니다.

성노동자들은 고객의 요구를 들어줘야 하는 만큼 고객의 요구에 의해 통제받지만 반성노동 개혁운동가들은 성노동자들보다 훨씬 더 고객들에 대해 떠들어대면서 고객들과 그들의 성적 요구가 절대적으로 강력하다고 우긴다. 성노동자들은 고객들 앞에서 완전히 무력하고 그들의 동의와 비판적 사고는 그들이 입고 있는 옷에 의해 망가진다. 반대론자들은 우리가 그것을 자처했다고 말하지는 않겠지만 여전히 우리가 아는 것보다 자기 자신이 더 잘 알고 있다고 주장한다. 언젠가 자신들도 성노동자들과 똑같이 해야만 할지도 모른다는 두려움, 그들을 '다른' 여성들로부터 구분하는, 그들이 상상 속의 그 강경한 선을 언젠가 넘어야 될지도 모른다는 두려움 때문일까?

9장 _ 구원자들

성노동 경험은 폭력 경험 이상의 것이다.
모든 성노동을 폭력 경험으로 환원하는 행위는
모든 것을 부정하고
폭력만이 가능하다고 말하는 것이다.
그렇게 함으로써 성노동자로부터
직접 이야기를 들을 필요가 없어진다.
그들이 처한 운명을 우리가 이미 알고 있다면
그들의 쓸모는 오로지 해석하는 이들의 선입관에
도움이 되는 증거를 제공하는 데 있을 것이다.

서구 미디어 관계자 중에서 캄보디아 성노동에 관한 최고 전문가는 니콜라스 크리스토프다. 그가 『뉴욕 타임스』를 위해 일하고 성노동에 대한 그의 입장이 성노동을 '근절'하고 싶어하는 미국과 캄보디아 정부의 입장과 함께한다는 것은 흠이 되지 않는다. 이는 그가 포이펫Poipet의 성매매 업소에서 일하던 두 명의 여성을 '구매'할 수 있게 해주었다. 만약 그가 일반 시민으로서 그렇게 했다면 그는 인신매매범이나 성관광객으로 입건되었을 것이다. 그러나 그의 글을 읽는 독자층과 기자증이 그를 보호해주었다.

크리스토프는 비정부단체NGO들이 종종 그러듯이 단속과 구조를 약속하며 캄보디아로 갔다. 그는 국제 반성매매 NGO인 '소말리 맘 재단Somaly Mam Foundation'과 함께 캄보디아 북쪽에 있는 한 성매매 업소를 급습했다. 그리고 그 장면을 찍어 그들을 두려움에 떠는 미성년 강간 피해자들로 묘사하며 자신을 따르는 추종자들이 볼 수 있도록 트위터에 올렸다. 이 모든 과정에서 그가 그들로부터 동의를 얻었는지에 대해서는 한마디도 없었다.

경찰이 뛰어들어와 업소의 주인을 비무장시키고 전화기를 빼앗아 다른 이에게 도움을 청하지 못하게 했다. …… 소녀들은 구조되었지만 여전히 매우 겁에 질려 있었다. 가장 어린 소녀는 열세 살로 보였고 베트남에서 인신매매되어 왔다. …… 사회복지사들은 이제 그들은 자유를 되찾았으며 처벌받지 않을 것이고 더는 강간도 없다고 말하며 소녀들을 안심시켰다.

—@닉크리스토프

매매춘이라는 어둠의 심장을 폭로하는 별난 문학적 전통에 참여한 이가 크리스토프 한 사람만은 아니다. 지난 세기 말에 윌리엄 스테드William T. Stead는 '백인을 사고파는 노예무역'이 일어나고 있다며 런던의 『팔 말 가제트Pall Mall Gazette』에 기고한 자신의 칼럼에서 이를 환기하고자 했다. 그것이 사실인지를 증명하는 자료는 등장하지 않았다. 그러나 그는 거기에서 멈추지 않았다. 스테드는 "현대판 바빌론의 소산인 처녀"라는 제목으로 그 자신이 샀던 열세 살 난 희생적인 소녀 영웅의 이야기를 폭로했다. 그 일로 그는 감옥에 갔는데, 그 이유는 그가 그 소녀를 소녀에 대한 법적 권리를 가졌다고 간주되는 아버지로부터 산 것이 아니라 권리가 없는 어머니로부터 샀기 때문이었다.

스테드가 불러일으킨 공포는 영국에서 새로운 반성매매법이 통과되도록 만들었고, 이내 대서양을 건너 아이오와 주에서부터 캘리포니아 주까지 '홍등가 폐지법'이 입안되도록 해 미국에서는 관용적으로 허용되어오던 매매춘의 종말을 알리게 된다. 이 모든 것의 저변에는 우리나라의 (백인) 딸들이 쓰레기 같은 삶을 살 운명에 처해 있다는, 산업자본의 '현대판 바빌론'에 감금되어 있다는 것에 대한 공포가 깔려 있었다.

크리스토프와 같은 사람은 오직 가장 나쁜 사례를 이용해 성노동을 신비화하는 잘못을 저지르고 있다고 말할 수 있을 것이다. 그러나 우리는 이런 전통, 즉 모든 성노동을 단순히 존재 자체만으로 이미 가장 나쁜 사례로 여기는 전통에 집착하는 이들에게 가장 나쁜 사례라는 그 개념이 무엇을 의미하는지 알 수 있는 입장이 아니다. 솔직한 이야기라고 주장되는 이런 이야기는 성노동자들이 보고하는 다양한 층위의 경험을 담아낼 수 없다.

성노동에 대한 그 같은 시각은 쉽게 전달된다. 2012년 12월, 미국에 등록하고 인도 콜카타에 위치해 있는 반성매매 단체인 '아프네 압Apne Aap'은 새로 온 자원봉사자가 전해준 이야기를 소식지에 실었다. 그녀가 전해준 이야기는 그녀가 처음으로 여행안내를 맡아 콜카타의 홍등가인 소나가치Sonagachi를 지나던 단 몇 분 동안 받은 인상에 근거한 것이다.

여기에는 성매매 업소만 있는 것이 아니다. 길가에는 가게와 집들이 있다. 소나가치에서도 사람들이 살고, 일하고, 일상을 살아간다. 우리가 본 어떤 소녀들은 평범한 옷을 입고 있었고 화장을 전혀 하지 않았으며 매일매일 밖에서 삶을 보내고 있는 것 같았다. 그러나 불과 몇 분 지나지 않아 나는 우리가 목격하게 된 것을 보게 되었다. 채 열대여섯 살도 안 돼 보이는 매매되고 있는 소녀의 무리였다. 그들은 출입구 밖에 서 있었고 구매될 때까지 누군가를 기다리고 있었다. 그들은 잘 차려입고 있었고 색색의 싸리를 걸치고 있었으며 흰 피부가 선호받는 만큼 얼굴에 화장을 했고 피부는 희었다. 이 모든 노력은 소녀들을 건강해 보이게 만들고 거기에 있는 것이 행복한 듯 보이게 만들기 위한 시도였지만 소녀들은 그다지 좋은 상태가 아니었다. 소녀들의 얼굴과 푹 꺼진 눈을 보면 그들이 피곤하고 아프고 병에 걸려 있으며 정신적 충격에 빠져 있다는 것을 쉽게 알 수 있을 것이다. …… 그곳에 그저 서서 망연히 누군가를 기다리고 있는 소녀들을 보지 않기란 불가능했다. 자신을 비인간화할, 강간할, 아이다움을 더 빼앗아갈 다음 사람을 기다리고 있는 소녀들을. 다른 인간을 지배하고자 돈을 지불하는 이의 욕망을 충족해주고자 성인인 척하고 있는 10대의 소녀, 그것이 바로 그녀들이었다. 이 지옥에서 살아가며 겪을 두려움과 공포를 차마 헤아릴 수조차 없다.

성노동 경험은 폭력 경험 이상의 것이다. 모든 성노동을 폭력 경험으로 환원하는 행위는 모든 것을 부정하고 폭력만이 가능하다고 말하는 것이다. 그렇게 함으로써 성노동자로부터 직접 이야기를 들을 필요가 없어진다. 그들이 처한 운명을 우리가 이미 알고 있다면 그들의 쓸모는 오로지 해석하는 이들의 선입관에 도움이 되는 증거를 제공하는데 있을 것이다. 반성매매 구조산업에 종사하는 이들에게 성노동자들은 소위 '전문가'인 저널리스트, 영화감독, NGO 직원들이 만들고 이윤을 얻고 권력을 구축하는 동정적 포르노 안에서가 아닌 한 역할도 없고 그 역할조차 가축과 같은 지위의 한정된 역할을 맡는 이들일 뿐이다. 한편, 성노동자들이 진짜 차별, 희롱, 폭력을 맞닥뜨릴 때 그것은—그것이 아무리 끔찍한 것이라 예상될지라도—본래 성노동에 내재해 있는 경험으로 치부된다. 이러한 반성매매 관점은 성노동에 대해 일반인이 좀더 공감하는 관점이라고 주장되지만, 이 관점은 성노동자들을 불신하고 그들을 포기하는 관점과 동일한 이데올로기다. 둘 다 성노동에 학대가 내재해 있다고 주장한다. 성노동자가 강간 피해를 당했다고 신고한다면, 글쎄, 그때 그녀는 무엇을 기대할 수 있을 것인가?

나는 캄보디아에서 성노동자로 일해본 적은 없다. 그래서 내가 알고 있는 것은 직접 관찰한 것, 다른 사람들이 내게 이야기해준 것, 학대를 고발하기 위해 NGO들과 함께 정부가 발간한 공식문서들을 비교하면서 내가 찾아낸 것들에 한정된다. 그러나 나는 가지고 있지만 니콜라스는 가지고 있지 못한 것이 있다면 그것은 신뢰다. 미국에 있는 성노동자들과 성노동 활동가들과의 관계를 통해 나는 캄보디아에서 온 이들도 몇 명 만났다. 프놈펜 외곽에 있는 한 성매매 업소를 방문한 것은 그들이 나를 초대해주었기 때문이었다. 어떤 대단한 환영 행사도, 멜로드라마적인 결론도 필요하지 않았다.

활동가들과 현장지원 담당자들과 함께 그곳에 도착했을 때, 우리는 다른 일로 바쁘지 않은 성노동자들의 인사를 받았고 콘돔 몇 상자를 전달했으며 사방이 뚫린 안마당에 함께 모였다. 그들은 우리에게 가볍게 얼굴을 닦을 좋은 향이 나는 시원한 수건과 물을 가져다주었다. NBC 〈데이트라인Dateline〉과 달리 나는 촬영팀을 데려가지도 않았고 온갖 훌륭한 장비를 갖춘 다큐멘터리 감독들을 대동하지도 않았다. 경찰을 대동하지도, 구조를 약속하지도 않았다. 대신 우리는 별빛 아래에서 플라스틱 의자에 함께 둘러앉아 솔직한 이야기를 나누었다.

프놈펜에 있는 호텔로 돌아왔을 때 내 방문에 영어로 된 메모가 있었는데 침대로 가져와 읽어보니 **"성노동자는 호텔 내 절대 입장 불가"**라고 쓰여 있었다. 나는 창문 너머 길 건너편을 바라보았다. 해질 무렵의 길은 '통일여성네트워크Women's Network for Unity, WNU' 사무국의 보트들이 정박해 있는 강 옆을 지나는 오토바이들과 뚝뚝들로 넘쳐났다. 호텔로 돌아오기 전에 나는 그 사무실 마룻바닥에 그들 중 몇몇과 맥북을 가운데 놓고 동그랗게 둘러앉아 그들이 직접 만들어 유튜브에 올린 비디오를 보았다.

익명을 원하는 성노동자들 역에 바비인형을 활용해 만든 정지동작 애니메이션을 보았고 성노동자들이 뇌물을 제공하게 만드는 강제적 건강검진 프로그램이 갖는 폭력성을 다룬 제작 중인 비디오도 보았다. 그러는 동안 물 위에서 불어오는 부드러운 바람에 머리 너머에 있는 현수막이 흔들렸다. 현수막에는 이렇게 쓰여 있었다. **"내게 재봉틀에 대해 말하지 말라. 노동자의 권리에 대해 말하라."**

가장 인기 있었던 것은 노래방 비디오였는데, 당시 미국 국무장관이었던 콘돌리자 라이스Condoleezza Rice가 뮤지컬 〈지저스 크라이스트Jejus Christ〉의 막달레나 마리아로 나와 "그를 어떻게 사랑해야 할지 모르겠어요I Don't Know How to Love Him"라는 문제의 노래를 조지 부시 대통령에게 부르는 슬라이드쇼 이미지들이었다. 당시는 미국 정부가 캄보디아 정부에 성노동에 반대하는 입장을 내놓지 않으면 미연방국제원조기구United States Agency for International Aid, USAID가 주는 원조를 받지 못하게 될 것이라며 압력을 넣을 때였다. 캄보디아 경찰은 오랫동안 성노동자들을 엄중히 단속해왔는데 이제 사회부장관, '퇴역군인Veterans', '청년재활Youth Rehabilitations' 등의 단체와 힘을 합쳐 일하고 있었다. 그들은 성노동자들을 업소에서 끌어내 '재활'센터로 향하는 트럭 짐칸에

실었다. 그들은 성노동자들이 휴대전화로 이 급습과정을 찍을 거라고
는 예상하지 못했다. 이 사진들 중 하나가 '아시아 태평양 성노동자 네
트워크Asia Pacific Network of Sex Workers, APNSW'가 만든 현수막과 홍보물
에 등장했고 거기에는 USAID(미연방원조) 대신 'USRAID(미연방급습)'이
라고 적혀 있었다.

　일단 급습당한 업소에 있던 성노동자들이 트럭에서 내려 소위 갱생
센터로 이동하면 어떤 일이 일어날까? 공원에서 일하다가 쫓겨나고,
맞고, 경찰이 짐차 안으로 끌고 들어간 다른 이들처럼 재판도 받지 못
한 채 한 번에 몇 달씩 불법으로 감금된다. 캄보디아 인권단체인 '리카
도LICADHO'는 이렇게 잡혀 온 성노동자들이 감옥에서 한 방에 30~40명
가량이 함께 감금되어 있는 등골이 오싹해지는 사진을 담아 왔다. 감
금되었던 성노동자들은 '리카도', '통일여성네트워크', '인권감시단' 등
과의 인터뷰에서 그곳에서 폭행당하고 경비들에게 성적으로 공격당
했다고 말했다. 그곳을 운영하는 NGO들이 '쉼터'라고 부르는 그 시설
들에 불법으로 감금된 이들 중에는 HIV 바이러스를 가진 이들도 있었
는데, 이들에게는 항레트로바이러스 약품을 구입하는 것조차 허용되
지 않았다. '인권감시단' 보고서에 따르면, 어떤 시설에서는 성노동자
들이 "하루 두 번 더러운 연못으로 목욕하러 갈 때만 방을 나가는 것이
허용되었고", "그렇지 않으면 경비가 동행해 화장실에 갈 때" 유일하게

방을 나갈 수 있었다.

'아시아 태평양 성노동자 네트워크'에 따르면, 수감자들과의 인터뷰에서 공통되게 나오는 주제가 비닐봉투에 넣어져 배달되는 끔찍한 음식에 관한 것이다. 수감자들은 이 봉투를 화장실로 쓰려고 보관해두며 창문 밖으로 봉투를 흔들어 비워서 그 내용물을 처리한다는 것이다. 직접 목격한 사람들의 증언을 통해 인권감시단원들은 적어도 세 명의 수감자들이 경비에게 구타당해 사망했다는 결론을 내렸다. '리카도'에서 나온 한 조사담당관은 한 여성의 시신을 직접 목격했는데, 스무 명의 다른 사람들과 함께 갇혀 있던 이 여성이 감금실 바닥에서 혼수상태가 되기 하루 직전에 반성매매 옹호론자들에게 발견되었지만 사망할 때까지 그대로 내버려졌다고 한다. 이 일은 한때 크메르루즈 정권 치하에서 감옥으로 쓰였던 코 코르Koh Kor 섬에 있는 한 시설에서 일어났다. '리카도'는 2008년 코 코르와 프레이 스퓨Prey Speu에 있는 두 번째 시설의 상황에 대한 보고서에서 "정부는 사람들이 길거리에서 살며 일하게 만드는 경제적·사회적 문제에 대한 진정한 해결책을 찾을 필요가 있다"고 명시했다. "그저 이 사람들을 모조리 잡아 수감캠프에 던져 넣는 것이 답이 될 수는 없다"고 말이다.

만약 프놈펜의 홍등가 출입문 앞에서 성노동자들이 두려움에 차 거리를 보고 있다면 그것은 고객의 관점일 수 있는 것만큼이나 구조자의 관점에서 비롯된 것일 수 있다.

많은 산업에서와 마찬가지로, 캄보디아에 얼마나 많은 성노동자가 있는지에 대한 정확한 정보는 접하기도 힘들고 신뢰하기도 어렵다. USAID가 자금을 댄 한 연구는 대략 2만 명 중 88퍼센트는 신체적 강제나 부채계약 같은 강압에 의해 성노동을 하게 된 것이 아니었다. 어느 정도가 강제로 성노동을 하게 되었는지 정확한 숫자를 알기는 특히 어렵다. 그러나 USAID가 수주한 연구에서 발견된 수치들이고 인신매매를 근절하려는 수단으로 캄보디아에서 모든 성노동을 엄단해야 한다고 선동하는 미국 부처에 있는 이들에게도 이 정보가 보내졌을 것이다.

이같이 폭력적인 단속은 성노동에서 일어나는 폭력적 조건들을 개선하는 데 어떤 보탬도 되지 않으며 성노동자들을 훨씬 더 심한 학대에 노출되게 만들 수 있다. 성노동을 그만두고 싶어하는 이들을 포함해서 말이다. 그러나 이런 현실은 '매매춘을 근절'하고 (2013년 미연방 대법원에서 USAID를 대신해 한 변호사가 증언한 것처럼) 싶어할 뿐만 아니라 미국 원조와 같은 해외원조를 받는 국가들에도 똑같이 하라고 요구하고 있는 미국 정부의 관심사는 아니다. 캄보디아 정부가 미국의 가치관에 헌신하겠다는 약속을 증명하려 했을 때 '매매춘을 근절한' 것을 증명할 방법은 없었다. 그저 감금과 폭력을 통해 성노동자들을 끝장내는 행동을 취했을 뿐이었다. 미연방 부서는 그 대가로 캄보디아의 협력지수를 올려주었다. 그리고 2010년 『인신매매 보고서Trafficking in Persons Report』에서 "'비도덕적' 활동들에 대한 긴급 단속이 인신매매 피해자들이 민감하게 느낄 정도로 이뤄지지는 않았다"며 약한 경고만을 주었고, 조사나 제재를 하는 대신 '현장교육'이 더 필요하다는 권고를 했을 뿐이다. 미국은 성노동의 제거와 성노동자의 제거 사이에 있는 의미 있는 차이를 보지 않는다.

셰릴 오버Cheryl Overs는 APNSW의 2009년 보고서 『호랑이와 악어 사이에 붙잡히다: 캄보디아의 인신매매 억제 캠페인과 성착취Caught Between the Tiger and the Crocodile: The Campaign to Suppress Human Trafficking and Sexual Exploitation in Cambodia』에서 "캄보디아에서 자처해서 성을 팔 여성은 없으며 성노동자들은 교육을 못 받았고 '제대로 된' 일을 할 수 있는 기술도 없다는 이 쌍둥이 전제가 바로 문제의 핵심이다"라고 지적했다. 사실은 그들 중 많은 이가 이미 의류공장에서 일한 적이 있으며 공장 임금이 적어서 공장을 떠나 성노동으로 옮겨왔다. 붉은 원 안에 있는 재봉틀이 원을 뚫고 나가 있는 모습을 그린 APNSW의 로고는 이 모든 것을 가리킨다. '국제정의포교단Internaitonal Justice Mission'과 '소말리 맘 재단'과 같은 반성매매 NGO들은 그들이 성매매 업소에서 '구제해' '복귀시킨' 여성들에게 캄보디아 쉼터에서 재봉법을 가르친다고 주장하지만, 성노동자들과 의류노동자들 모두 공장의 열악한 노동 조건이 성노동을 더 나은 대가를 받는 더 매력적인 대안으로 만든다는 점에 주의를 기울이라고 주문하고 있다.

2008년 여름, WNU와 APNSW의 보호 아래 단속과 불법감금에 강력히 반대하며 시위를 벌였던 주체는 바로 이 노동자들이었다. 성노동자들은 500명의 동료, 수백 명의 동맹자와 함께 프놈펜에서 집회를 열었다. 그 집회에서 그들은 경찰과 경비들이 저지른 감금과 학대에 대해 이야기했다. 그들은 갱생시설에서 성적으로 공격당하고 치료를 거부당했던 또 다른 이들의 증언을 담은 비디오를 상영했다. 몇 주 후에는 멕시코 시에서 열린 제17회 '에이즈 총회'에서 유엔 직원들과 국제 인권단체들에도 그 비디오를 보여주었다. APNSW는 미연방 정책이 빚어낸 폭력을 폭로한 공로로 상을 받았지만 미연방 정책은 여전히 지속되고 있다.

내가 프놈펜에 있는 성매매 업소를 방문했던 날은 미연방의 영향 아래 이뤄진 가장 최악의 단속이 있기 몇 달 전이었다. 업소는 땅에 바짝 붙어 있었고 그곳으로 향하는 도로는 먼지로 덮여 있어서 방갈로 같은 건물들 사이에 있는 플라스틱 의자에 앉으려고 잠시 내려놓은 내 노트북 가방 바닥에도 붉은 흙을 남겼다. 나는 사진을 찍지 않았다. 그곳에서 잠시 숨을 돌리던 순간, 디젤 연료 냄새와 여러 대의 텔레비전이 서로 마주보며 내는 소리들이 밤공기 속으로 날아가고 있었다. 이 장소에 관해 필요했던 모든 것은 내가 이미 들었던 이야기와 보트 위, 현장 지원 차량들, 초과근무 시간 안에 있었다.

내가 프놈펜을 떠나기 전에 WNU는 광대, 노래방, 전통춤으로 꾸며진 뮤지컬 공연을 올렸다. 콘돌리자/부시 비디오가 대형 스크린에서 상영되었고 피지에서 온 한 성노동자 활동가가 근무할 때처럼 옷을 차려입고 진주 장신구를 단 채 막달레나 마리아를 립싱크했다.

10장_ 운동

매춘인이 승리할 때,
모든 여성이 승리한다.

　　　　　　　—가사노동 임금화를 요구하는 흑인 여성들, 1977

『코요테가 운다』는 미국 최초의 매춘인 권리조직의 소식지다. 1970년대 중반에 샌프란시스코에서 출판되었고 당시에 나온 다른 훌륭한 대안신문들이 그러했던 것처럼 뒷면에 든든한 광고란이 있었다. 그러나 창녀들을 위한, 창녀들이 만든 소식지였기 때문에 뒷면 광고는 그들의 위성조직을 알리는 내용으로 채워졌다. 거기에는 '매사추세츠 매춘인 조합Prostitutes Union of Massachusetts, PUMA', '날개 편 독수리Spread Eagles(워싱턴)', '캔자스 아깽이들(미주리)', '희생양(뉴욕)', '여성해방을 위한 전문자료조직PROWL(스포캔, 워싱턴)' 등이 있었다. 지금 내 책상 위에 있는 (전설적인 성노동자 활동가 캐럴 레이의 자료실에서 빌린)『코요테가 운다』판은 "갈보들과 주부들이 뭉치다: 폭력, 낙태, 복지가 1977년 국제 여성의 해 총회에서 공동의제가 되다"라는 표제를 달고 있다.

'갈보들과 주부들', 이 여성들의 집단을 계급동맹으로 생각하기란 지금은 매우 어렵다. 갈보와 주부는 일반적으로 동맹이 불가능해 보이는 집단이다. 두 집단은 너무도 자주 (우파들에 의해서뿐만 아니라 좌파들에 의해서도 똑같이) 하나의 경제적 고리에서 서로 반대편을 점하면서 남성의 임금노동을 통해 생계소득을 얻는 경쟁관계에 놓인 두 계급의 여성들로 간주된다. 반면, 그들의 노동은 또한 적법하지 않다고 간주된다. 우리는 돌봄과 성행위는 무료로, 진심과 사랑으로 제공되어야 한다는 말을 듣는다. 주부는 자신의 정당성을 임금을 좇지 않는 것으로 유지하고 갈보는 임금을 요구하는 것으로 그 관습을 깬다. 그들 둘 다 여성이 남성에게 생계를 의존하도록 만든 바로 그 동일한 체제 때문에 폄하되고 제약받게 된다. 그리고 그들은 그 체제로부터 함께 스스로를 해방시킬 수 있다.

마고 제임스가 (캐럴 레이의 자료실에서 찾은) 한 인터뷰에서 회상했듯, 1973년 초 코요테를 설립하기 전에 '창녀, 주부, 좀 다른 이들Whores, Housewives, and Others, WHO'이 있었다. 좀 다른 이들이란 레즈비언을 가리켰는데, "하지만 당시엔 자유로운 보헤미안들 사이에서도 아직 공공연하게 입밖으로 이야기되지는 않았다." 코요테 초기부터 지지자였던 인류학자 제니퍼 제임스Jennifer James는 매춘인을 목표로 삼는 데 이용되는 법을 없애는 것이 운동의 목표임을 나타내기 위해 '비범죄화decriminalization'라는 용어를 만들어냈다. 여전히 『여성의 신비Feminine Mystique』* 시대에 있었던 '전미여성협회NOW'는 그해 말 매매춘 비범죄화를 강령의 일부로 공식 채택했다.

페미니스트 사상가 웬디 맥엘로이Wendy McElroy는 "매춘인, 페미니스트, 경제적 협업자들Prostitutes, Feminists and Economic Associates"이라는 제
목의 글에서 초기 매춘인 권리운동에 대해 다음과 같이 썼다.

> 페미니스트 운동은 박수갈채로 반응했다. 잡지 『미즈Ms.』는 마고 제임스의
> 노력과 인성을 모두 칭송했다. 1979년 말에는 매춘인과 주류 페미니스트가
> 적극적으로 협업했다. 예를 들어 코요테는 NOW와 동맹을 맺고 동등권 수
> 정헌법 조항Equal Rights Amendment, ERA을 진전시키기 위해 '키스하고 말하
> 기Kiss and Tell'라 불린 캠페인을 함께 벌였다.

맥엘로이는 『코요테가 운다』 1979년 판에 나오는 다음과 같은 내용
을 인용하고 있다.

> '코요테'는 모든 매춘인이 '키스하고 말하기' 국제 캠페인에 참여해 국회의
> 원들에게 여성들에게 중요한 사안을 지지하는 것이야말로 자신들의 최대
> 관심사임을 설득하자고 호소하는 바이다. 캠페인 조직가들은 이 사안들에
> 지속적으로 반대표를 던져온 매춘인들의 단골이기도 한 국회의원들의 이

◆ 전미여성협회를 설립한 이들 중 한 명인 미국 페미니스트 베티 프리단이 쓴 책의 제목이다.

름을 페미니스트 조직이 활용할 수 있도록 넘겨줄 것을 촉구한다.

만약 이후 미국에서 가장 잘 알려진 정치적 성노동 스캔들이 된 사건을 당신이 미리 알 수 있었다면 앞에서 일어난 일들이 순진할 만큼 낙관적이었음을 알 수 있을 것이다. 엘리엇 스피처Eliot Spitzer 는 뉴욕에서 온 친선택권 입장◆을 가진 민주당원이었다. 그는 주 최고 법무관으로서 월스트리트 부정부패 문제를 담당했고 주지사로서 매매춘 처벌 강화 법안을 승인한 사람이었다. 만약 그가 발 빠르게 먼저 사퇴하고 몰래 도망친 후 그 같은 남자들이 흔히 그렇듯이 공적 무대로 다시 되돌아올 때까지 몇 달을 기다리지 않았다면 자신이 승인한 바로 그 법으로 실형을 받았을 것이다. 아무튼 미국에서는 루이지애나 공화당 의원 데이비드 비터David Vitter 처럼 여성의 권리에 반대하는 우파 정치인이 에스코트 회사 고객 명단에 올라가 있을 수도 있고 다음 선거에서 또 당선될 수도 있다. 보수주의자들이 수치심을 덜 느끼는 것일까? 아니면 당선된 후에조차 자유주의자들이 성노동자들을 지지할 용기를 내지 못하는 것일까? 그도 아니면 둘 다일까?

◆ 'pro-choice', 낙태권 등을 포함해 여성의 몸과 성에 대한 결정권은 여성 본인에게 있으며, 따라서 여성의 선택에 달려 있는 문제라고 보는 입장을 말한다.

코요테가 만들어진 지 2년 뒤인 1975년 6월, 100여 명이 넘는 매춘인이 프랑스 리옹의 성 니지에Saint-Nizier 성당을 점거했다. 이 행동은 경찰이 이들을 쫓아낼 때까지 10일 동안을 이들과 연대하기 위해 프랑스의 다른 도시들에 있는 매춘인들이 각기 자신이 살고 있는 도시의 성당들을 점거하도록 고무했다. 리옹에서 페미니스트들은 성당을 점거 중인 매춘인들을 어떻게 지지해야 할지 혹은 지지해야 하는지를 놓고 싸웠다. 릴리안 매튜Lilian Mathieu가 번역한 당시 한 페미니스트 전단지에는 다음과 같이 적혀 있다.

우리는 결혼하도록 강제당하는, 그들과 똑같은, 매매춘 조건 안에 있다. 우리는 살아가기 위해 그리고 남성들의 사회에서 존중받을 만한 장소를 얻기 위해 우리의 몸과 영혼을 우리의 주인에게 팔도록 강요당한다.

매춘인을 응원하는 페미니스트들은 매매춘 관행을 궁극적으로는 끝장내고 싶어하지만 릴리안 매튜가 "흔치 않은 동원An Unlikely Mobilization"이라는 제목의 글에서 또 다른 전단지를 인용하며 썼듯, "페미니스트는 자신들이 붙잡은 대의를 보편적인 것으로 만들거나 확산시키기 위해 그것을 적법한 것으로 만들려고 노력했다."

그는 이 글에서 "그들은 자신들의 연대를 정당화했다"고 주장하면서 또 다른 전단지에 "여성이 매춘으로 내몰리는 것은 길거리에서만이 아니다"라고 쓰여 있었다고 덧붙였다. 그러나 거의 동시에 리옹의 매춘인들은 페미니스트 대회와 충돌하게 된 뉴욕의 매춘인들처럼 이 지지가 터무니없이 조건부적이라는 사실을 알게 되었다.

"갈보들과 주부들이 뭉치다" 1977년 판에는 거의 완벽하게 표제를 묘사해주는 그림 하나가 들어 있다. 마고 제임스가 샌프란시스코 시청 계단에서 마이크 앞에 서 있고 그 주위에 '가사노동에 임금을'('영국 매춘인 모임ECP'의 런던교회 점거를 지지했던 1970년대 후반에 부상한 또 하나의 여성운동 갈래) 단체에서 온 익명의 회원 세 명, 흑인 여성 두 명, 백인 여성 한 명이 있다. 그중 한 여성이 **'모든 매춘인에게 사면을'**이라고 적힌 피켓을 들고 있다. 흔히 볼 수 있는 1970년대 페미니즘의 상징적 사진—중간을 염색한 머리를 하고서는 얼굴이 작아 보이게 만드는 선글라스를 끼고 실내에서 혼자 앉아 있는 글로리아 스타이넘Gloria Steinem의 사진—이 나오기 전에 내가 이 사진을 발견했다면 스타이넘의 사진을 다른 것, 즉 길거리와 길거리를 위한 페미니즘과 나란히 놓을 수 있었을 것이다. 그 사진 밑에 쓰여 있는 내용은 다음과 같다.

5월 9일, '가사노동에 임금을' 단체의 여성에 대한 폭력 반대 시위. 삼간 뒤, [마고 제임스는] 머리채가 잡힌 채 계단 아래로 끌려 내려왔다. 변호사를 불러 까닭을 알 수 없는 공격을 가한 그 남자를 입건하기까지 우리는 열네 통의 전화를 해야만 했다.

'코요테'가 설립된 지 30년 후 내가 샌프란시스코 시청 바로 뒤에 있는 한 아파트로 옮겼을 때, 제임스는 유럽으로 떠난 뒤였고 그 후에는 다시 워싱턴 외곽 농가지역으로 옮겨갔다. 성노동자 권리운동 진영에서 그녀의 이름은 여전히 건재했다. 그녀의 이름을 딴 성 제임스 진료소라는 병원 이름도 여기에 포함된다. 2003년에 나는 매춘인 권리운동이 태동한 샌프란시스코로 이사했다. 정말이지 그곳에는 모든 운동이 존재했다. 학생해방운동이 없었다면, 흑인해방운동이 없었다면, 여성해방운동이 없었다면, 게이해방운동이 없었다면, 당시 마고가 살았던 샌프란시스코 소살리토 부둣가의 보트집에서 매춘인 권리운동이 탄생할 수 있었을지는 상상도 되지 않는다.

마고 제임스 이전에 스톤월 항쟁에서 역사에 족적을 남긴 실비아 리베라Sylvia Rivera가 있었다. 마고가 '코요테'를 설립한 해인 1973년에 실비아는 워싱턴 광장 공원에서 열린 제1회 게이해방의 날Gay Freedom Day 기념식에 참가했다. 트랜스젠더 활동가 레이나 고제트Reina Gossett 가 발견해 온라인으로 볼 수 있도록 올려둔 영화에서 그녀를 직접 볼 수 있다. "입 다물고 가만히 있는 게 좋을 거다!"라고 소리 지르는 그녀의 목소리는 모여든 인파로부터 나오는 야유를 확성기를 통해 되받아쳤다. "나는 구치소에 있는 당신들 게이 형제들을 위해 그리고 게이 자매들을 위해 여기 이 자리에 오려고 하루 종일 애썼다." 오늘날 미국 내 트랜스젠더의 3분의 1이 일생에 한 번쯤은 구치소에 감금되는 경험을 한다. 트랜스젠더 활동가이자 작가인 자넷 모크Janet Mock는 "이 여성들 중 대부분은 폭력 범죄로 구치소에 간 게 아니다. 생계노동을 하다가 붙잡혀 간 것이다"라고 말했다. 다시 말해 빈곤을 거부한 죄, 마음대로 돌아다닌 죄, 성을 거래한 죄인 것이다. 성을 판다고 사람을 잡아 가두는 일을 멈추기만 해도 얼마나 많은 사람이 감옥에 가지 않아도 될까? 나는 정말 알고 싶다.

스톤월에서 경찰과 맞서 싸우고 게이해방을 지도에 올려놓은 뒤 실비아 리베라는 바로 그 항쟁을 기념하는 자리에서 단지 말할 기회를 얻기 위해 싸워야만 했다. 게이운동 진영 내의 급진적 레즈비언들은 리베라와 같은 트랜스젠더 여성을 '여성 흉내자'라고 공공연히 비난하면서 그들이 여성에 대한 억압으로부터 이득을 얻는다고 비난했다. 실비아 리베라는 "트랜스젠더 공동체는 진 올리리Jean O'Leary라는 이름의 한 급진적 레즈비언 때문에 침묵을 강요당했다"라고 회상했다.

그녀는 트랜스젠더 공동체가 여성에게 모욕적이라고 느꼈는데, 왜냐하면 우리가 화장하는 것을 좋아하고 짧은 치마 입는 걸 좋아하기 때문이었어요. 세상에! 그건 그때 우리가 하던 일로까지 확대됐어요. 아뇨, 우리는 그렇지 않습니다. 나가서 거시기나 빨고 똥꼬나 박히고 싶지는 않아요. 하지만 그 것만이 살기 위해 우리가 할 수 있는 유일한 대안이에요. 왜냐하면 법이 우리가 편안하게 우리인 채로 나가서 일자리를 가질 수 있는 권리를 주지 않기 때문이죠. 내가 남자가 아닌 걸 알면서, 남자처럼 보이도록 하고서 일하러 가고 싶지는 않아요.

그저 길거리를 서성이거나 또는 성노동을 하다가 결국 구치소로 가게 된 트랜스젠더 여성들과 퀴어 아이들을 위해 일어선 이는 리베라였다. 리베라는 자신을 돌보기 위해 그리고 그녀가 마샤 존슨Marsha P. Johnson과 함께 세운 미국 최초의 트랜스젠더 조직인 '거리복장전환인 행동 혁명조직Street Transvestite Action Revolutionaries, STAR'의 프로그램과 쉼터를 운영할 자금을 모으기 위해 성노동을 했다. 성노동을 하려고 서성거리는 게 아닐 때에도 단지 그곳에 있다는 이유만으로 그들은 경찰에게 괴롭힘을 당했다. 경찰이 스톤월과 같은 술집에 들이닥치는 것을 언론에서는 '악덕 단속'이라고 써서 내보냈다. 이성의 옷을 입거나 남자 둘이서 혹은 여자 둘이서 춤추는 것을 금지했던 당시 법에 그런 항목이 있었던 것이다. 경찰은 그들을 가장 의심스러운 용의자로 간주하면서 사회적으로 버림받은 다른 집단들에게도 늘 그래왔듯이 이미 버림받은 그들이 더욱 버림받도록 만들었다.

2011년 6월 어느 따뜻한 밤, 동성혼이 뉴욕 주에서 합법화되었을 때 그리니치빌리지의 스톤월과 주변 거리에서 뒤따라 열렸던 거대한 축하파티를 경찰이 해산시킬 거라는 상상은 아무도 하지 않았을 것이다. 그러나 북쪽으로 몇 구역 떨어진 곳에서는 실비아 리베라라고 이름 붙인 법 관련 프로젝트가 진행 중이었고, 그 행사가 열리는 건물에서 경찰이 단속을 펴고 있었다. 경찰은 그곳을 들고나는 비백인 퀴어 청소년들과 트랜스젠더 청소년들을 붙잡고는 출력해 온 사진을 보여주며 사진 속에 있는 젊은 트랜스젠더 여성들의 이름을 대라고 요구했다.

매춘인 권리가 전국적 사안이 되기 불과 얼마 전에 작가이자 활동가인 앰버 홀리바우Amber Hollibaugh는 스톤월 항쟁이 있기 몇 년 전을 회상하면서 자신의 에세이 모음집인 『나의 위험한 욕망My Dangerous Desires』에서 다음과 같이 썼다.

나는 '통일농장노동자들United Farm Workers'의 조직가였다. 나는 두 개의 공동체에 몸담고 있었다. 베트남전쟁을 피하려고 캐나다 국경을 넘기 위해 필사적으로 애쓰는 남자들과 함께 전국의 도시에서 열린 베트남전쟁 반대시위에 참가했고, 경찰이 안을 쏘지 못하도록 늦은 밤에 블랙 팬서Black

Panther[◆] 사무실 앞에 누워 있었으며, 열여덟 살에 당시 정기적으로 참여했던 거리 데모에서 쓰려고 처음으로 최루탄 막이용 마스크를 샀다. 그리고 늦은 밤에는 성노동을 했다. 매춘은 내가 당시 알고 지냈던 대다수의 중산층 급진주의자들과 상류층 급진주의자들이 자신이 태어나면서부터 가진 권리라고 생각했던 그 실존을 위해 내가 살 수 있는 것을 갖게 해주었다.

앰버 홀리바우, 실비아 리베라, 마샤 존슨이 성노동으로 운동 재원을 마련했던 유일한 이들은 아니다. 나는 '코요테'가 설립된 지 30년 후에 샌프란시스코 성노동자 권리운동에서 만났던 사람들을 기억한다. 그들은 아무런 대가도 받지 않는 활동에 필요한 돈을 벌기 위해 성노동을 했다. 1980년대와 1990년대에 운동의 토대를 놓은 이들은 그때까지 어느 정도는 성노동에서 은퇴한 이들이었다. 제1물결의 성노동자 병아리가 제3물결 페미니즘을 놀라게 했던 것처럼 그들이 레이건 세대 아기들과 클린턴 키즈 같은 새로운 세대가 등장했던 방식으로 나타난 것은 아니다. 우리 세대는 에이즈 이전의 세계를 알지 못하며, 인터넷 이전의 성산업에 대해서는 그저 희미한 기억만 갖고 있다. 우리는

◆ 흑인민권운동 조직인 흑표범 당원.

성혁명도 겪어보지 않았고 십수 년 동안 성공포만 경험했을 뿐이다.

정치적 의식을 갖기 위해 우리가 전적으로 인터넷에만 의지한 것은 아니다. 1990년대 중후반에 내가 퀴어 정치학과 성노동자의 권리를 비롯해 이를 포함한 모든 쟁점을 알게 된 계기는 에이즈 관련 활동이었다. 어느 봄, 우리는 퀴어 10대들의 권리를 위해 보스톤 거리를 행진했다. 다음 해 봄, 공식적인 청소년 프라이드 행진 전에 내가 다녔던 고등학교에서 유일한 퀴어 여성이자 레즈비언 복수자Lesbian Avengers 동조자였던 이가 나를 매사추세츠 애버뉴의 인기척이 드문 구간을 허가 없이 행진하던 소규모 무리 쪽으로 끌고 갔다. 그 행진은 살해당한 한 트랜스젠더 성노동자를 기리는 것이었다. 경찰은 아무것도 하지 않았다. 아마 이것이 우리를, 이 운동들을 하나로 묶었던 것이리라. 우리는 계속해서 각자의 방식으로 함께 모여 때 이른 이 죽음이 불가피하다고 여기는 사회에 저항했다.

그러니 우리는 한 번도 하나의 운동이었던 적이 없었다. 설사 우리가 그 운동의 이야기를—『창녀들과 다른 페미니스트들Whores and Other Feminists』 같은 책과 〈단결하라!Live Nude Girls Unite!〉와 같은 다큐멘터리에서 함께 시작했더라도 말이다.

샌프란시스코 시청 뒤편에 있는 아파트를 얻은 지 두어 주 뒤, 나는 버클리 만 건너편에서 섀넌 윌리엄스Shannon Williams라는 여성이 체포되었다는 소식을 들었다. 중무장을 한 열댓 명의 경찰들이 무기를 꺼내 들고 호객을 금하는 캘리포니아 형법 제647b 조항에 근거해 그녀를 기소하려고 급습했을 때 그녀는 아파트 밖에서 일하고 있었다. 나는 샌프란시스코 친구들과 온라인으로 처음 사귀었는데 그들 중 한 명은 성노동자이자 마사지 치료사였다. 그녀는 매주 수요일마다 성 제임스 진료소에서 직업 안전책의 일부인 마사지를 무료로 해주는 자원봉사를 했다. 진료소에서는 HIV 테스트와 콘돔 제공 외에도 기본적이고 전체적인 건강관리까지 무료로 해주고 있었다. M과 나는 오클랜드에 있는 그녀의 아파트에서 만나 시간을 보냈고 그녀는 새로운 모임에서 들은 시위에 대해 이야기해주었다. 섀넌 윌리엄스는 표범무늬 란제리만 입은 상태에서 체포되었고 그녀가 제대로 옷 입을 시간도 주지 않은 채 경찰이 수갑을 채워 경찰차로 데려갔기 때문에 시위자들은 그녀의 유죄 여부가 가려지는 동안 법원 밖에서 표범무늬 옷을 입고 서 있을 계획이었다. 그 모임은 이후 '성노동자 현장지원 프로젝트-USASex Workers Outreach Project-USA, SWOP-USA'가 되었다. 윌리엄스의 체포는 새로운 성노동자 옹호의 물결을 전국적으로 불러일으켰다.

'SWOP-USA'는 2003년 12월, 마흔여덟 명의 폭력 피해자들을 기리는 밤샘농성을 하기 위해 샌프란시스코 시청 계단 밑 잔디밭에 다시 모였다. 사건이 있은 후 20년이 지난 어느 날, 결혼한 중년의 한 백인 남성이 마침내 자신이 이 여성들을 북서태평양에서 살해했다고 자백했던 것이다. 그린 리버 살인자Green River Killer(일명 '그린 리버 연쇄살인범 Green River Killer'으로 불리는) 게리 리언 리지웨이Gary Leon Ridgway는 이렇게 말했다.

나는 매춘부들을 희생자로 뽑았다. 왜냐하면 나는 대부분의 매춘부를 증오하며 그들에게 섹스 대가로 돈을 지불하고 싶지 않기 때문이다. 또 하나의 이유는 매춘부는 사람들의 주의를 끌지 않고 차에 태우기가 쉽기 때문이다. 나는 그들이 실종되어도 당장 신고되지 않을 거라는 사실을, 어쩌면 영원히 신고되지 않을 수도 있다는 걸 알고 있었다. 잡히지 않고 내가 죽이고 싶은 수만큼 죽일 수 있다고 생각했기 때문에 매춘부를 택했던 것이다.

그는 경찰에게 이렇게 말했다.

나는 내가 매춘부들을 죽여버림으로써 당신들에게 친절을 베풀고 있다고 생각했다. 여기 당신들은 그들을 통제하지 못한다. 하지만 난 할 수 있다.

예술가이자 전직 매춘인이며 포르노 스타이면서 또한 1970년대와 1980년대의 제1물결 성노동자 활동가들 중 한 명이기도 한 애니 스프

링클Annie Spinkle이 그곳에서 밤샘농성을 하자고 제안했다. 성노동자들은 그 죽음을 기억할 방법, 그들이 폭력에 취약해지도록 만드는 파국적이고 터무니없는 무관심 문화에 저항하는 말을 할 방법, 그들을 체포할 때 말고는 늘 한눈만 파는 경찰들에게 항의할 방법이 필요했다. 여성조직들은 캐럴 레이가 '성노동'이라는 말을 만들기 25년 전 샌프란시스코의 홍등가 가운데를 행진할 때와 마찬가지로 강간과 폭력에 반대한다고 항상 말한다. 이제 우리 차례였다. 'SWOP-USA'는 표범무늬 란제리 차림으로 체포된 버클리의 한 교사를 지지하고자 모였고, 성노동자에 대한 폭력을 끝장내기 위한 날을 연례행사로 만드는 밤샘농성을 벌였다. 공식적으로는 우리를 거의 지지한 적이 없었던 여성조직들과의 관계는 단순하지 않았다. 이듬해에 제2회 추모 밤샘농성이 있었을 때 반성매매 페미니스트 단체가 행사를 방해하려고 했지만 성공하지는 못했다. 그로부터 6년이 지났을 때, 그 반성매매 단체의 창립자가 암으로 세상을 떠났고 우리는 추모농성에서 그녀도 함께 기렸다. 그리고 열 번째 추모회에서 'SWOP-USA'의 공동설립자인 로빈 퓨Robyn Few가 암으로 세상을 떠난 뒤 전 세계 열두 곳이 넘는 지역에서 그녀와 그녀의 투쟁을 기리는 의식이 치러졌다.

그렇다고 모든 것이 죽음과 상실로 점철될 수만은 없는 법이다. 때로는 운동에서의 즐거움(노래방, 비닐과 플라스틱, 표범무늬, 그 모든 것)이 성노동자가 '진짜' 정치에는 꼭 들어맞지 않아 보이게 만들기도 하지만 말이다. 우리 말고 누가 거리의 아가씨 패션쇼를 하면서 매매춘 반대 집단에 대한 해외원조기금 지원반대 정책을 시행하라고 시위할 수 있을까? 2008년 멕시코에서 열린 국제 에이즈 대회에서 '다스푸Daspu'라는 단체에서 온 브라질 성노동자들이 무대 위에서 그런 요청을 했다. '다스푸' 회원들은 'SWOP-USA' 회원들에게 모델처럼 걷도록 만들어주었고, 유엔 관계자들과 국제인권운동가들로 구성된 청중 앞에서 부츠, 그물, 스모키 화장을 한 눈으로 자신들의 이야기를 들려주었다. 청중은 고압적인 미국 당국으로부터 에이즈 기금을 계속 받으려면 매매춘에 반대한다는 입장을 표명하는 충성맹세에 서명해야 했다. 그때 브라질은 성노동자들을 팔아먹는 대신 서명을 거부했고 4,000만 달러를 포기했다.

'SWOP'이 설립된 지 10년이 지난 12월의 어느 추운 또 다른 밤에 우리는 다시 모였다. 이번에는 촛불이 아니라 무대불빛을 밝히고, 애도가 아니라 조직을 위해서였다. 뉴욕의 'SWOP' 회원들은 성산업에 종사하는 이들의 건강을 챙기는 프로젝트인 '퍼시스트PERSIST'를 설립하기 위해 기금을 모으고 있었다. 성 제임스 진료소에 자극을 받았고 100여 명이 넘는 사람들이 한자리에 모여 땀이 줄줄 흐르는 그 작은 방에 다닥다닥 붙어서 최선을 다해 엉덩이 때려주기와 티셔츠에 돈을 걸었다. 우리는 나오는 사람마다 박수갈채를 보냈고 행사 주관자가 감사인사를 하기 위해 무대 위로 뛰어올랐을 때는 눈물범벅에다 말조차 나오지 않을 만큼 큰 감동을 받았다. 그런 뒤 주관자는 다양한 세대가 어우러져 있는 참가자들 속으로 만나고 섞이며 춤추기 위해 되돌아갔다. 스톤월 여관으로 다시 돌아간 이들도 있었다.

그 후 얼마 지나지 않아 나는 건강 프로젝트를 시작한 이들 중 한 명인 새러 엘스페스 패터슨Sarah Elspeth Patterson을 만나 프로젝트가 어떻게 진행되어갈지에 대해 인터뷰했다. 'SWOP'이 설립된 지 10년이 지났고, '코요테'와 'STAR'가 설립된 지 40년이 지난 지금 운동은 그때를 다시 닮아가고 있는 것 같다. 나는 '월스트리트를 점령하라' 운동을 취재하면서 로어 맨해튼 거리를 행진하던 성노동자 권리 활동가들을 보았을 뿐만 아니라 그들이 길거리 의료문제, 피해예방 교육, 구치소의 지원과 법 밖에서 성노동자들이 스스로를 보호하기 위해 배웠던 모든 것에서 전문성을 발휘하는 모습도 본다.

그 겨울, 뉴욕 경찰의 검문과 복장검사 정책에 대응하기 위해 할렘 근처의 리버사이드 교회에서 공동체 회합이 있었다. 남미인으로 구성된 한 트랜스젠더 여성단체에서 한 사람씩 차례로 마이크 앞으로 나와 스페인어로 자신들이 어떻게 경찰의 목표가 되어왔는지에 대해 설명했다. 지하철에서 집으로 돌아가는 도중에 검문을 당하거나 커피를 사고 있는 와중에도 검문을 당한다는 것이다(한 여성은 경찰에게 왜 자신을 잡느냐고 묻자 경찰이 얼굴에 커피를 들이부었다고 말했다). 그들은 그 여성들이 성노동자 명단에 올라가 있다고 말했고, 성노동을 하고 있는 중이든 아니든 상관없이 가방 안에 콘돔을 가지고 있다는 것 자체가 성노동을 하려는 의도가 있다는 증거로 쓰인다고 밝혔다.

HIV 보균자 외국인의 미국 입국금지가 해제된 뒤인 2012년 여름, 마침내 국제 에이즈 대회가 다시 미국에서 개최되었다. 그러나 성노동자들과 마약 복용자들에 대한 입국금지는 계속되었다. 에이즈에 대해 논의하고 정책 목표를 세우고 재원 마련을 약속하는 세계에서 가장 큰 규모의 행사에 가장 고위험군이라고 여겨지는·두 집단은 아예 행사에 참여조차 할 수 없었던 것이다. 워싱턴의 거리에서 10여 명의 미국 성노동자들이 에이즈 범죄화에 반대하는 대규모 행진 옆에서 함께 행진했다. 이 운동에서 어떤 것은 과거로 되돌아갔다. 인정은 매매춘을 목표로 삼는 법들만큼이나 파괴적으로 우리와 성노동자가 아닌 다른 이들에게 전혀 다르게 주어진다.

모두가 이해했으면 하고 바라는 것이 하나 있다면 그것은 사람들이 [성노동]이 얼마나 자신감을 살리는 일인지 모른다고 소리 지를 때, 그들이 직접적으로 반응하고 있는 상대는 바로 창녀포비아들이라는 점이다. 그 말이 곧 우리가 하는 일이 경제에 관한 것이 아니라 성에 관한 것이라는 뜻은 아니다. 그 말은 당신이 성노동자들에게 일과 다양한 관계를 가질 수 있는 여지를, 혹은 또 다른 가능성을 일말도 남겨주지 않았다는 것을 가리킨다. 성노동은 사실상 자신감을 갖게 해줄 수도 있다. 그러나 그게 핵심은 아니다. 빌어먹을 돈이 핵심인 것이다.

—키티 카Kitty Carr

어떤 면에서는 성해방이라는 원칙에 입각해 페미니스트들과 대척점에 서 있었던 운동은 이제 왜 성이 불법이 되는지가 아니라 왜 성이 사람들을 불법화하는 수단이 되는지에 초점을 맞추고 있다. 단순히 성의 가치를 복구하자고 주장하는 운동이 아니다. 물론 성이 없다면 즐거움과 삶에 대한 감각을 잃게 되긴 하겠지만 말이다. 이 운동은 특정한 사람들을 가치가 덜한 존재로 만들기 위해 성을 이용하는 체제를 거부하는 운동이기도 하다.

이것은 이 운동에서 나온 현수막에서처럼 어느 정도는 성노동을 덜 강조함으로써 이뤄지기는 했다. 새러 엘스페스가 퍼시스트를 공동 설립했을 때, 그녀는 그곳을 운영하는 사람들과 그곳에서 서비스를 제공하는 공동체를 성노동자들이라 설명하지 **않고** 오히려 각자의 방식으로 성산업에 관계하고 있으면서 스스로를 설명할 때 그 용어를 쓰지 않는 이들을 모두 언급하는 것이 중요하다고 내게 말해주었다. 그것은 성노동자 운동에 근본적인 요소를 부정하는 것처럼 보일 수도 있다. 그렇지만 그것은 성노동자라는 말이 시작된 바로 그곳에서 나온 것이기도 하다. 당신을 무엇이라고 이름 부르는지를 통해 권력이 구축되는 것이다.

패터슨은 '성노동자'라는 표현은 성노동자들이 실제 노동과정에서 쓰는 용어가 아니라는 점을 지적한다. 그들은 스스로를 그런 식으로 홍보하지 않는다. 그들은 에스코트이거나 대여 청년이거나 마사지사거나 포르노 배우거나 SM 지배자거나 피지배자거나 혹은 그냥 일하는 처자다. 실제로 성노동자들은 단체를 조직하거나 정치적 활동을 할 때에 그 용어를 쓴다. 동시에 일할 때는 사용할 수 없는 노동자로서의 계급 정체성도 구축해왔다.

성노동자 정체성이 반드시 수행하는 중요한 기능이 하나 있다. 성노동자들이 그들의 섹슈얼리티로 규정되는 만큼이나 그들이 하는 일로 규정되어야 한다는 요구에 형태를 부여해주는 것이다. 그 용어는 성노동자에 대한 대중의 관념에서 에로틱한 시선을 벗겨낼 수 있게 해준다. 이는 성을 도외시하는 것이 아니라 성적 교환 외부에도 존재하는 성노동사들을 인정하도록 만드는 것이다.

우리의 정치적 활동은 여전히 성으로 이해된다. 마치 우리는 포르노를 만들지 않고서는 말할 수 없는 존재라는 듯이 말이다. 내 특강에 왔던 한 남자가 생각난다. 그는 내가 보고서나 연구물을 읽거나 강의를 한 뒤에 내 '진짜 직업'에 대해 사적인 질문을 퍼부으며 나를 궁지로 몰아넣었다. 우리 또한 기자이고 학자이고 영화제작자이고 활동가라는 사실을, 우리가 직접 그런 활동을 하고 있다는 것을 이해하지 못한 채 내가 자신들을 성노동자들에게 소개해주어 그들이 자신에게 이야기를 들려주게 하거나 혹은 자신이 성노동자들을 조직하게 해달라고 내게 이메일을 보내왔던 기자, 학자, 영화감독, 활동가들을 생각해본다. 그런 사람들 중 어떤 남자에게 그의 '연구'에 대해 토론하기 위해 만날수는 없다고 여러 번 반복해서 말했더니 그는 내게 나와서 술이나 한잔하자고 청했다. 성노동자와 그런 종류의 상호작용을 하길 원한다면 그냥 지금 현업에서 일하고 있는 사람을 부를 수 있다는 사실을 생각해보지도 않고 말이다.

많은 이가 성노동자들이 간수복을 입고서든 유니폼을 입고서든 성적 환상을 충족시켜줄 것이라고 언제나 기대한다. 우리에게는 그런 식이 아니라 다른 방식으로 성노동자 정체성을 받아들일 수 있는 방법이 있어야만 한다. 동시에 단지 누군가가 몸에 대해 강박관념을 가지고 있다는 이유로 우리의 정치에서 몸이 부정되어서도 안 된다.

창녀 연대

　　　　　　　　누군가가 **퀴어**를 그렇게 복구시켰
듯이 성노동을 해본 사람들이 한 번이라도 충분한 수가 되어 **창녀**라는
말을 복구할 수 있을지 모르겠다. 그런 목소리를 내는 이들이 있고 대
부분 나도 그들과 함께한다. 다이크˚처럼 우리 중 몇몇은 (돈을 벌기 위해
남자와 성교한다 하더라도, 그렇게 하는 중일 때조차도) 이 말에 붙어 있는 혐오
를 털어내기 위해, 세상에서 우리를 위한 공간을 조금이라도 더 차지
하기 위해, 수치심을 느끼지 않기 위해, 사람들이 우리가 아닌 다른 누
군가로 이름 붙여왔던 시간과 방식 등 그 모든 것에 저항하기 위해 한
번 그렇게 해보려고 한다. 이런 일들이 항상 그렇듯, 복구는 균등하게
일어나지 않을 것이다. 우리 공동체 사람들은 그것이 나쁜 생각이거나
우리에게 좋지 않다고 생각할 것이고, 그럼에도 몇몇은 그런 시도를
해볼 것이다.

　우리 자신을 설명하기 위해 창녀라는 용어를 쓰는 것이 누군가에게
서 무엇인가를 빼앗아갈지 나는 잘 모르겠다. 다만 내 다리 사이에서

◆　건장한 여성들을 일컬으며, 특히 레즈비언 커뮤니티에서 주로 쓰이는 용어다.

일어나는 일이 무엇이 되었든, 그에 대해 내가 말해야만 하는 게 무엇이든, 그로 말미암아 다른 누군가의 가치가 빼앗기지는 않는다는 사실을 천명하는 것이야말로 **창녀**라는 말을 되찾아오는 일이 중요할 수도 있는 명확한 이유를 제공할 것이다.

어쩌면 그러기에는 이미 너무 늦었는지도 모른다. 21세기가 시작된 뒤 첫 20여 년이 흐른 지금 이제 정체성의 정치학과 같은 것은 머릿수건, 그물, 푸코와 함께 1990년대의 먼지더미 속에 남겨두어야 하는 때가 된 것인지도 모른다. 우리는 이제 낙인을 찍는 이름표의 용도를 변경하기 위해 정치적 행동을 하지 않는다. 그러나 『자코뱅Jacobin』지의 편집자 피터 프레이즈Peter Frase는 자신의 에세이 「상상된 공동체An Imagined Community」에서 "포스트모던한 풍자적 주체로서 우리는 우리의 정체성이 갖는 인공성을 직면할 수밖에 없게 될 것이다"라는 말과 함께 "모든 정치는 정체성의 정치다"라고 썼다.

그러니 **창녀**라는 용어가 패션이나 논쟁처럼 유행 지난 정치적 언어가 되어 전적으로 폐기되어야 하는 것은 아니다. 그 말을 씀으로써 우리는 그 용어를 역사의 전면으로 가지고 나오게 된다. 프레이즈는 "과거를 무비판적으로 가지고 오는 것은 과거에 배제되었던 모든 이를 다시 배제하는 것이 된다"고 결론짓고 있다. 우리가 누구인지, 어디서 왔고, 어떻게 일하고, 누구와 성교하는지 등을 말하는 모든 표식을 중심으로 함께 모이는 것이 우리가 연대의 가능성을 만들어내는 방법일 것이다. 그것을 무엇이라 부르든 말이다.

창녀와의 연대란 어떤 모습일까 상상해본다.

창녀라고 불리는 여성들이 있는 한 창녀가 되거나 창녀로 오해받는 일은 죽는 것과도 같다고 믿도록 훈육된 여성들이 있을 것이다. 그런 일이 지속되는 한, 남성들은 아무런 처벌도 받지 않고 창녀들을 죽게 내버려둘 수 있다고 생각할 것이다. 창녀에 대한 두려움 혹은 창녀가 되는 두려움이 이 모든 것을 움직이는 동력이다. 이 동력은 '여성혐오 mysogyny'로 불릴 수도 있다. 그러나 그 용어로는 부족하다. 그 말은 창녀의 값쌈, 그녀가 얼마나 쉽게 여성으로서뿐 아니라 인종, 계급으로서 배척될 수 있는지를 고스란히 전달하지 못한다. 창녀는 이 모든 것을 교차하며 아우르는 근원적인 모욕이기 때문이다.

이에 대한 수업을 만드는 것은 우리로 하여금 창녀를 가부장제에 의해 근본적으로 위험에 처해 있는 이들로 보는 인식에서 그들의 몸이 다층적인 편견과 폭력의 지점들, 남성들의 손 안에서 이뤄지는 추상적인 의미에서의 억압과 착취가 아니라 그것들을 받쳐주는 구체적인 제도들 안에 있는 억압과 착취의 지점들을 횡단하는 존재로 보도록 해줄 것이다. 어떤 경계선들은 다른 것들보다 쉽게 식별된다. 어떤 이들은 그것을 유지하기 위해 전부를 거는 경계, 예를 들어 백인 여성, 특히 성공한 백인 여성이라는 경계를 만들어낸다. 그러나 그들이 횡단하는 곳에서 살고 있는 우리는 설사 그것들을 통해 우리가 눈에 보이는 존재가 된다 하더라도 이 경계 하나만으로 규정되기를 거부한다.

이것은 우리가 어떻게 창녀를 하나의 계급으로서 다시 상상할 수 있는지를 보여준다. 왜냐하면 매매춘을 금지하는 법은 성을 파는 행위만을 불법으로 만드는 게 아니라 그들이 성을 팔고 있든 그렇지 않든 상관없이 그리고 생계를 위해 하는 일에서는 멀찌감치 떨어져 있는 삶의 영역에서조차도 창녀라는 계급의 사람들을 겨냥하기 위해 활용되기 때문이다.

그러므로 다층적인 성노동자 운동들이 있다는 사실을 말하는 편이 맞을 것이다. 성노동자 권리운동은 그 나름의 특징과 역사 그리고 궤적을 가지고 있다. 그러나 성노동자 운동이라고 특정 지어 불리지 않는 운동에도 많은 성노동자가 있다. 퀴어운동과 트랜스젠더 운동, 급진적 비백인 여성운동, 위험예방을 위한 조직화운동, 감옥폐지 운동 안에 말이다. 사회복지 여성운동과 이주자 운동, 노동운동 안에도 있다. 그저 그 안 어디를 봐야 할지만 알면 된다. 그리고 페미니스트 운동에서도 말이다. 특정 페미니스트 활동에서 성노동자들을 배제하는 것이 어려운 만큼, 나를 계속해서 페미니즘으로 돌아오게 하는 것은 성노동자 페미니스트들이다.

성노동자 권리운동 내부에는 서로 구분되지만 또한 겹치는 두 개의 운동이 있다. 하나는 성산업 자체의 조건을 바꾸는 데 관심이 있다. 그 흐름 안에서 이뤄지는 내부적 캠페인은 노동조건 개선과 노동자 권리에 초점을 둔다. 외부적 캠페인은 성노동자들에게 영향을 미치는 성노동 바깥의 제도를 겨냥한다. 경찰과 의료서비스 제공자들은 그 명단의 가장 첫 페이지에 올라와 있다. 또 하나의 흐름은 기본적으로 성노동을 하거나 했던 적이 있는 사람들 또는 성노동자라고 명단에 올라 있는 사람들의 삶에 영향을 미치는 성산업 외부의 조건을 바꾸는 데 관심을 갖는다. 먼저 언급한 흐름은 대체로 성노동자 권리와 더 관련되어 있고, 정책적으로 성노동을 비범죄화하고 현재의 성노동자들이 자신이 하는 일을 통제할 수 있도록 정치적 힘을 쌓아야 한다고 주장한다. 그러나 이 두 번째 흐름은 성노동자 권리운동이라고 드러내서 이야기되지는 않는데, 일상생활에서 겪게 되는 범죄화를 종식시키고 전·현직 성노동자들이 개인적으로 그리고 집단적으로 스스로의 삶을 결정할 수 있는 역량을 키워야 한다고 주장하는 경우가 많다. 이 운동의 흐름들은 하나로 통합되면서 동시에 각자의 길을 간다. 그러나 두 흐름의 공통된 목표는 성을 파는 사람들의 경험을 믿고 가치 있게 여기는 것이며, 우리를 가치절하하는 것은 성노동이 아니라 우리의 경험과 우리 자신을 폄하하는 것을 정당화하기 위해 이용하는 사람들이라고 주장한다.

　미국 밖에서는 성노동자들의 운동이 페미니스트 운동보다는 노동운동·보건운동·인권운동과 더 가깝다. 그런 가운데 일고 있는 성노동자 운동의 이런 흐름은 매우 새롭게 보일 수 있다. 어느 정도는 불가피했기 때문에 이런 교차적 운동이 탄생했고, 이런 교차적 운동은 이주민의 권리, 비공식적이고 배제된 노동자들의 조직화 등 굉장히 많은 연결지점을 만들어낼 수 있는 잠재력이 있다. 성노동자들이 다른 운동들 안에서 자신을 드러낼 수 있는 좀더 안전한 공간을 찾을 수 있다면 이런 연결들은 매우 강력해질 수 있다. 그러나 낙인과 범죄화가 그런 일을 두렵게 만드는 한 성노동자들은 연대를 구하는 것보다는 외롭게 생존투쟁을 하는 쪽으로 더 끌리게 될 수밖에 없을 것이다.

　지지가 아니라 연대가 필요하다. 아무리 좋은 뜻으로 이뤄지는 성노동자들을 위한 '지지'라 하더라도 그곳에 부재한 것이 바로 이 연대다. 성노동자들의 삶의 조건을 조금이라도 바꿀 수 있는 힘을 가진 사람들에게 그 지지를 직접 해줄 의지 말이다.

　그리고 여기가 바로 우리가 패배하는 지점이기도 하다. (당신이 성노동을 해본 적이 없다면) 성노동이 당신으로 하여금 어떤 기분이 들게 만드는지에 대해 끝도 없이 다시 처음으로 되돌아가는 대화들은 그저 행동을 대신한 역할을 할 뿐이다. 성노동에 대해 당신이 어떻게 느끼는지는 비행 경찰들이 오늘밤 벌이는 활동에 별스러운 변화를 만들어내지 못한다. 더욱 대담하게 가까이 들여다보라. 그리고 당신이 어떻게 느끼는지를 알아야 한다면 그것에 대해 들어줄 사람들에게 가서 이야기하라. 이웃, 보건소, 노조, 가정폭력 쉼터, 퀴어단체, 여성단체 등 그게 누구든 당신과 같은 사람들에게 말이다. 성노동자들의 행동으로 시선을 좁히는 대신 질문을 밖으로 돌려보라. 이 사람들이 성노동자들에게 어떤 해로운 일을 하고 있는가? 왜 당신은 성노동자들이 아니라 **그들**의 행동을 바꿔주려고 돕지 않는가?

감정에 대해 너무 많이 이야기된 만큼 의심 또한 성노동을 한 번도 해보지 않은 이들이 자신의 기준, 즉 어떤 식으로든 규제되었으면 하는 자신의 희망을 제시할 때 갖게 되는 충동이다. 이런 사람들은 돈을 벌기 위해 옷을 벗어야만 하는 일 외에는 아무것도 가진 게 없었던 이들에게 다른 사람들이 어째야 하는지에 대해 이런저런 생각을 많이 한다. 그러나 어떤 식의 성산업 규제가 만들어질 수 있는지에 대해 이야기하기에 앞서 무엇보다 반드시 필요한 것은 범죄가 된 와중에 성노동은 이미 규제되고 **있다**는 사실을 인지하는 것이다. 형법체계와 경찰에 의해서 말이다. 어떤 종류의 관리도 받지 않고 독자적으로 성노동을 하는 사람들에게도 경찰이 **관리자**다. 성노농자를 위한 의미 있는 첫발은 실제 그 과정을 이끌 수 있는 성노동자들을 위한 공간을 만드는 것이다. 성노동자들의 등 뒤에서 법집행이 이뤄지는 한 그런 일은 일어나지 못할 것이다.

같은 선상에서 말하면, 아무리 좋은 의도를 가지고 있다 하더라도 성노동자들은 누구든 새 우두머리가 되기 위해 서둘러 개입하는 것을 원하지 않는다. 성노동자들은 자신의 삶에 직접적인 영향을 주는 정책을 개발하는 데서 배제당하는 일에 익숙하다. 다음이 내가 가장 자주 들어왔던 것들 중 일부이며 모든 정치 영역에서 이 부분은 계속해서 간과된다.

— **만약 합법화된다면 과세를 할 수 있다**: 이는 성노동자들의 소득과 소비에 이미 과세가 되고 있고, 따라서 그들이 현재에도 납세하고 있다는 사실을 간과한다.

— **만약 합법화된다면 검사를 할 수 있다**: 성노동자들에게는 건강을 유지하는 일이 이미 자신의 경제적 이익과 결부되어 있다는 점은 놔두고서라도 성노동자들의 성병과 HIV 감염율은 얼마나 많은 고객을 대하느냐가 아니라 안전한 성행위를 할 수 있도록 얼마나 큰 협상력을 가질 수 있느냐에 달려 있다. 국제보건공동체는 강제로 이뤄지는 HIV 검사는 사람들이 의료 전문가를 회피하게 만들어 위험을 더 증가시키는 원인이 된다는 점을 주지한다. 유엔에이즈기구와 국제노동기구가 정한 기준에 따르면, 누군가를(그 사람

의 직업이 무엇이든) 강제로 HIV 검사를 받게 하는 것은 인권침해다.

　— **만약 합법화된다면 그들을 등록할 수 있을 것이다**: 우리가 다른 사업에서 하는 그런 규약을 기대한다고 말할지도 모르지만 우리는 우리 나름대로 성노동을 다른 사업에서처럼 무게 있게 다룬다. 강제등록은 성노동자 단속의 다른 이름일 뿐이다. 등록을 거부하는 이들은 새로운 지하영업을 형성하게 될 것이다.

　이 제안들 중 어느 것도 그렇게 바보같이 들리지 않겠지만 내가 채택하지는 않을 것들이다. 그것은 내 일도 아니고, 또 한편에서 내가 한 가지 질문에 답할 수 없다면 우리가 그런 것에 준비되어 있는지 확신이 들지도 않는다. 이 제안들이 어떤 면에서 성노동자들을 위해 작동하는가 하는 질문 말이다.

　아주 오랫동안 내가 하고자 해온 단 하나의 제안은 이것이다. 성노동이 범죄가 아니라고 인정받는다면 성노동자들은 자기 자신과 서로를 위해 훨씬 더 많은 일을 할 수 있을 것이다. 그런데 왜 기다려야만 하는가?

　법을 수정하는 것이든, 아직 상상된 적이 없는 어떤 다른 방식으로 성노동자의 지위를 불법화하는 일을 종식시키는 것이든, 다른 가능성을 위한 여지를 만들기 위해 이 모든 태도가 변하기를, 창녀 낙인이 어쨌든 사라지기를 기다려야만 할 이유는 없다. 우리가 먼저 시작하기 전에 강박적으로 상상해낸 매춘부에 대한 관념으로 가득 찬 시선을 우리에게 보내던 이들이 어느 날 갑자기 변해서 성노동을 노동으로서 받아들이고 성노동자들을 자신의 삶을 주관하는 온전한 행위자로 받아들일 거라는 희망을 갖는 것? 그들은 그러지 않을 것이다. 우리의 요구, 우리의 상상을 통해 우리가 그렇게 만들 것이다.

감사의 말

이 책의 틀을 만들어준 버소Verso 출판사의 훌륭한 편집자들, 특히 오드리아 림Audrea Lim과 안젤리카 스고로스Angelica Sgouros에게 감사한다. 자코뱅 스태프들과 이 책을 첫 출판 시리즈에 포함해준 바스카 순카라Bhaskar Sunkara 출판사에 감사한다.

10년 전, 이 책이 시작되었던 샌프란시스코에서 내게 가족이 되어주었던 모든 이, 지나 드 브리스Gina de Vries, 나오미 에이커Naomi Akers, 새디 룬Sadie Lune, 스테이시 스윔Stacey Swimme, 새러 돕Sarah Dopp에게 고맙다. 이국적 댄서 조합Exotic Dancer's Union의 친구들, 성 제임스 진료소 가족들에게 감사한다. 캐럴 레이, 그녀의 상상력과 헌신과 코요테의 역사적 자료들을 내게 빌려준 것에 감사한다.

성노동자들의 권리와 자유로부터 등 돌리기를 거부했던 제3물결 재단Third Wave Foundation의 헌신적인 나의 전 동료들에게 고맙고, 매일매일 내가 의지하는 믿을 수 없이 멋진 수많은 활동가를 내게 소개해줘서 정말 고맙다.

많은 성노동자 작가, 조직가, 늦은 밤의 동지와 숱한 전설들—오다시아 레이, 샬로테 셰인Charlotte Shane, 수전 엘리자베스 셰퍼드Susan Elizabeth Shepard, 다비 히키Darby Hickey, 너무도 운 좋게 만났던 '성노동트위터sexworktwitter'의 모든 이에게, 내가 계속할 수 있게 해줘서 그리고 꺾이지 않게 해줘서 고맙다.

10년 넘도록 우정을 나눠주고 이 책이 처음부터 똑바로 만들어질 수 있도록 날카로운 사유를 나눠준 캐티 시몬Caty Simon에게 고맙다.

내게 가장 소중한 친구이자 혹독한 첫 독자들인 새러 재프와 조앤 맥네일Joanne McNeil에게 고맙다. 위스키도 함께.

끝없는 격려, 케이크, 집과 더불어 닉 케이브Nick Cave 비문은 우리 사이에 두는 게 가장 잘 보관하는 것이라는 말에 동의해준 토미 무어Tommy Moore에게 사랑을 담아 감사의 마음을 전한다.

더 읽을거리

Encyclopedia of Prostitution and Sex work. Melissa Hope Ditmore, ed. (Greenwood Publishing Group, 2006)

Global Sex Workers: Rights, Resistance, and Redefinition. Kamala Kempadoo, Jo Doezema, eds. (Routledge, 1998)

Flesh for Fantasy: Producing and Consuming Exotic Dance. R. Danielle Egan, Katherine Frank, Merri Lisa Johnson, eds. (Seal Press, 2005)

Indecent: How I fake It and Make It As A Girl For Hire. Sarah Katherine Lewis (Seal Press, 2006)

The Last of The Live Nude Girls: A Memoir. Sheila McClear (Soft Skull Press, 2011)

The Little Black Book of Grisélidis Réal: Days and Nights of an Anarchist Whore. Jean-Luc Henning. Ariana Reines, trans. (semiotest(e), 2009)

Live Sex Acts: Women Performing Erotic Labor. Wendy Chapkis (Routledge, 1996)

The Lost Sisterhood: Prostitution in America 1900-1918. Ruth Rosen (Johns Hopkins University Press, 1983)

My Dangerous Desires: A Queer Gilr Dreaming Her Way Home. Amber L. Hollibaugh (Duke University Press, 2000)

Naked on the Internet: Hookups, Downloads, and Cashing in on Internet Sexploration. Audacia Ray (Seal Press, 2007)

Policing Pleasure: Sex Work, Policy, and the State in Global Perspective. Susan
Dewey, Patty Kelly, eds. (New York University Press, 2011)

Queer (In)justice: The Criminalization of LGBT People in the United States.
Joey L. Mogul, Andrea J. Ritchie, Kay Whitlock, eds. (Beacon Press, 2011)

*Race, Sex and Class: The Perspective of Winning, A Selection of Writings 1952–
2011.* Selma James (PM Press, 2012)

Real Live Nude Girl: Chronicles of Sex-Positive Culture. Carol Queen (Cleis
Press, 1997)

Reading, Writing, and Rewriting the Prostitute Body. Shannon Bell (Indiana
University Press, 1994)

Rent Girl. Michelle Tea and Laurenn McCubbin (Last Gasp, 2004)

Prose and Lore: Memoir Stories About Sex Work, vols. 1–3. Audacia Ray, ed. (Red
Umbrella Peoject)

Sex at the Margins: Migration, Labour Markets and the Rescue Industry. Laura
María Agustín (Zed Books, 2007)

Sex Slaves and Discourses Masters: The Construction of Trafficking. Jo
Doezema (Zed Books, 2010)

Sex Work: Writings by Women in the Sex Industry. Frédérique Delacoste,
Priscilla Alexander, eds. (Cleis Press, 1998)

Sex Work Matters: Exploring Money, Power, and Intimacy in the Sex Industry.
Melissa Hope Ditmore. Antonia Levy, Alys Willman, eds. (Zed Books, 2010)

Sex Workers Unite: A History of the Movement from Stonewall to SlutWalk,
Melinda Chateauvert (Beacon Press, 2014)

The State of Sex: Tourism, Sex and Sin in the New American Heartland.
Barbara G. Brents, Crystal A. Jackson, and Kathryn Hausbeck (Routledge,
2009)

"State Violence, Sex Trade, and the Failure of Anti-Trafficking Policies", Emi Koyama (eminism.org, 2013)

Strip City: A Stripper's Farewell Journey Across America. Lily Burana (Miramax, 2003)

St. James Infimary: Occupational Health and Safety Handbook, Third Edition (stjamesinfirmary.org, 2010)

Temporarily Yours: Intimacy, Authenticity, and the Commerce of Sex. Elizabeth Bernstein (University of Chicago Press, 2010)

"A Theory of Violence: In Honor of Kasandra, CeCe, Savita, and Anonymous", Eesha Pandit (Crunk Feminist Collective, January 4, 2013)

Unrepentant Whole: The Collective Works of Scarlot Harlot. Carol Leigh (Last Gasp Books, 2004)

Whores and Other Feminists. Jill Nagel, ed. (Routledge, 1997)

Working Sex: Sex Workers Write About a Changing Industry. Annie Oakley, ed. (Seal Press, 2008)